2022
영어
수업 나눔
실천 사례집

경남 초중등 영어교과교육연구회 지음

김보강 김설은
양은주 박선미
신보미 안은지
서주희 조윤서
김민정

2022 영어 수업 나눔 실천 사례집

발 행 | 2022년 11월 21일

저 자 | 경남 초중등 영어교과교육연구회

펴낸이 | 한건희

펴낸곳 | 주식회사 부크크

출판사등록 | 2014.07.15.(제2014-16호)

주 소 | 서울특별시 금천구 가산디지털1로 119 SK트윈타워 A동 305호

전 화 | 1670-8316

이메일 | info@bookk.co.kr

ISBN | 979-11-410-0185-8

www.bookk.co.kr
ⓒ 경남 초중등 영어교과교육연구회 2022

CONTENT

나에게 수업이란?

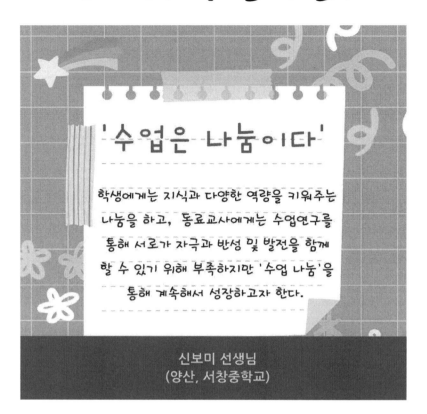

'수업은 나눔이다'

학생에게는 지식과 다양한 역량을 키워주는 나눔을 하고, 동료교사에게는 수업연구를 통해 서로가 자극과 반성 및 발전을 함께 할 수 있기 위해 부족하지만 '수업 나눔'을 통해 계속해서 성장하고자 한다.

신보미 선생님
(양산, 서창중학교)

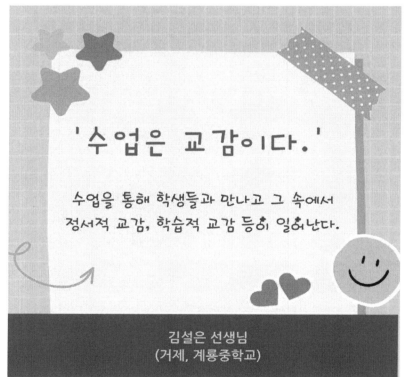

'수업은 교감이다.'

수업을 통해 학생들과 만나고 그 속에서 정서적 교감, 학습적 교감 등이 일어난다.

김설은 선생님
(거제, 계룡중학교)

단순 반복을 싫어하는 나에게,
매번 다양한 도전을 하게 만들고,
아이들의 순수하며 솔직한 피드백을
받으며 삶의 에너지를 얻을 수 있는

... 수업은 나에게 있어
삶의 또 다른 이유이다.

박선미 선생님
(합천, 합천중학교)

나에게 수업은 나와 학생을
연결해주는 "연결고리"이다.

영어를 매개체로 다양한 소통을
하면서 나의 삶이 풍성해지고 지루
할 틈이 없다.

임선미 선생님
(창원, 창원신월고등학교)

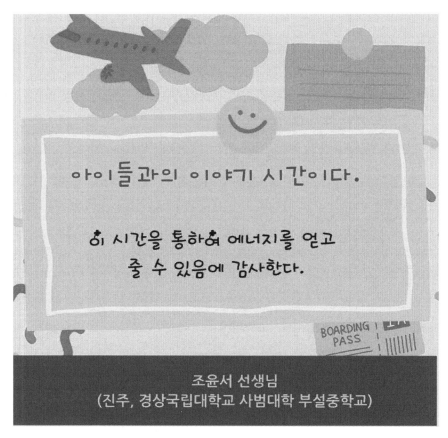

아이들과의 이야기 시간이다.

이 시간을 통하여 에너지를 얻고
줄 수 있음에 감사한다.

조윤서 선생님
(진주, 경상국립대학교 사범대학 부설중학교)

학생과 교사가 뿌듯한
감동과 교감이 있는 시간

신승애 선생님
(고성, 고성중앙고등학교)

나의 본캐인 교사로서의 존재감을
최대한으로 느낄 수 있게 해 주는,
하지만 때로는 바닥으로 떨어지는
기분도 경험하게 해주는 다이나믹한
존재이다.

안은지 선생님
(김해, 김해분성고등학교)

수업은 도전이다.

같은 수업 내용일지라도 학생들의 수준에
따라 그 날의 분위기에 따라 그 결과는 항상
달라지기 때문에 수업이라는 것은 나에게 도
전이다. 도전하면서 실패하기도 하고 다시
성찰해서 새로운 도전을 하기도 한다. 도전
이라는 것은 힘들고 지치고 어렵지만 이를
통해 얻게 되는 것이 있기에 다시 도전하게
되는 것 같다.

윤지현 선생님
(김해, 김해영운고등학교)

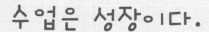

수업은 성장이다.

수업을 하며 내가 학생들에게 가르치는 것
뿐 아니라 나도 학생들에게 배우며 하루하루
성장하고 있다. 또 오늘보다 더 나은 수업을
위해 연구하면서도 성장하고 있다.

손수경 선생님
(김해, 김해삼계중학교)

**수업은 내 정체성을
확인 시켜주는 시간이다.**

학교안에서 다양한 일을 할때면 교사로서의
정체성에 혼란이 올 때가 있다. 그러나 수업
에 들어가는 순간, 나는 영어 교사이며, 내가
어떤 일에 힘을 써야 하며, 무엇을 해야 하는
사람인지를 다시한번 느끼게 해 준다. 그리고
학교에서 하는 다른 일 또한 이 아이들을 위
해서라는 생각이 들면서 위안을 받는다.

서주희 선생님
(김해, 김해삼문고등학교)

나에게 수업은
학생들과의 대화이다.

편안한 분위기 속에서 서로 이야기를 나누듯
대화를 통해 영어수업을 하는 것이다. 자신의
생활을 목표 문법 항목을 통해 영어로 얘기하
는 것이 나의 수업 목표 설정이 된다. 학생들은
영어수업에서 마음껏 자신의 생활을 영어로 말
해본다.

김덕미 선생님
(진해, 동진중학교)

수업은 기회다.

학생들을 가르치고 그들이 배우는 것을 보면서
나의 모습을 되돌아보며 성찰할 수 있는 기회가
되기 때문이다.

양은주 선생님
(김해, 능동중학교)

01 루틴이 있는 읽기 수업

김보강 선생님 (거제, 하청중)

가. 수업 의도

나에게 영어는 항상 어려운 과목이었다. passage를 읽을 때 전체적인 의미를 이해하기보다는 한 단어, 한 단어를 이해하는 것에 집착했다. 한 단어, 한 단어를 이해하는 것에 집착하다 보니 아무리 꼼꼼하게 읽어도 전체적인 내용이 기억나지 않았다. passage를 line by line으로 이해하는 방식에서 벗어나 자기 주도적으로 전체적인 의미를 이해하려고 시도하는 수업이 되었으면 좋겠다고 생각하였다. 내용적 측면에서는 global citizen의 의미에 대해서 이해하고 나아가 'what people do as a global citizen'과 'what we can do as a global citizen'에 대해서 생각해 볼 수 있도록 수업을 구성하였다. 언어적 측면에서는 passage를 line by line으로만 이해하는 것이 아니라 unscrambling 활동과 comprehension questions를 해결해나가는 과정을 통해서 전체적인 내용을 이해할 수 있도록 수업을 구성하였다.

나. 수업의 흐름 및 활동지

1. <Activating Schemata>

Activate Ss' schemata by asking Ss questions about **who global citizens are**.

Hyein is picking up the trash on the floor.

Bokang is using her tumbler instead of a disposable cup(일회용 컵).

: 동기 유발 영상을 직접 제작함으로써 학생들의 흥미를 높였어요.

2. <Before You Read>

Encourage Ss to think about **why people are doing the activities** on the page 68 and pre-teach vocabulary.

Why people are doing the activities?

· to keep the _____ clean

Why people are doing the activities?

· to help the people _____

Why people are doing the activities?

· to help the people _____

Why people are doing the activities?

· to understand other _____

Why people are doing the activities?

· because they are _____

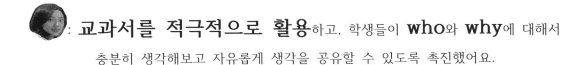 : 교과서를 적극적으로 활용하고, 학생들이 **who**와 **why**에 대해서 충분히 생각해보고 자유롭게 생각을 공유할 수 있도록 촉진했어요.

3. <1st Reading>

Encourage Ss to unscramble the paragraphs in order in groups.

: 친구들과 함께 순서를 배열함으로써 line by line 해석을 어려워하는 학생도

전체적인 내용을 파악할 수 있어요.

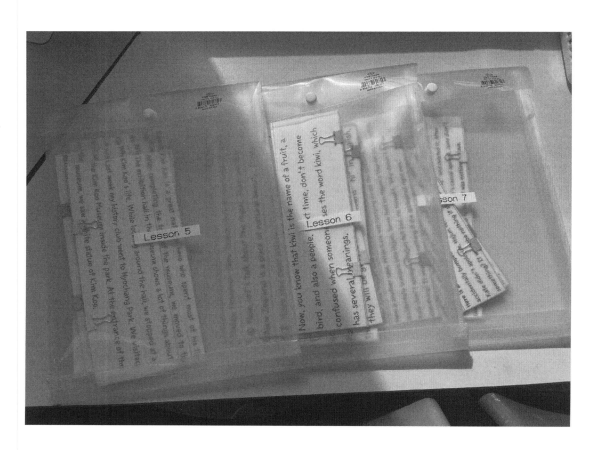

: 저만의 **정리 꿀팁**이에요.

투명 서류 봉투에 정리해두면 매년 사용할 수 있어요.

4. <2nd Reading>

Encourage Ss to find the details by answering the questions on the worksheet in groups.

하청중학교 2학년 영어 학습지		
Lesson 4 To Be a Global Citizen		
#4	Reading	하청중학교 2학년 ( )반 ( )번 ( )

Reading (p.69~70)

This is the Global Citizenship Education site. Global Citizenship Education helps us grow as global citizens. Global citizens are people who try to understand different cultures. They also care for people in need and work for a better world. Please share your global citizenship education experiences here.

Hello. I am Minhee from Korea. I am a member of the Global Community Club. My club aims to communicate with people from around the world. A week ago we produced a video about the lantern festival in our village. We uploaded it to the Internet and amazingly, we got nearly 5,000 hits. Click here for our video.

1. 밑줄 친 문장의 의미를 적으세요. (help+목적어+(to)+동사원형)

2. 세계 시민이란 어떤 사람들인가요?

3. 세계 공동체 동아리의 목표는 무엇인가요?

4. 민희의 동아리는 일주일 전에 무엇을 했나요?

Reading (p.71~72)

Hi, my name is Jo. I am from Australia. A few weeks ago, my teacher showed us pictures of students in Kenya. Sadly, they were all using plastic bags to carry their books. My class decided to raise money to send them new school bags. We sold cookies and drinks and raised 600 dollars. We hope the Kenyan students are happy with the new bags.

I am Afig from Malaysia. My school started a wall painting campaign to make our village look better. Students who are good at painting gathered and painted on some walls of schools and parks. Thanks to this campaign, our village looks much nicer. Now, everyone can enjoy walking alongside the painted walls.

1. Jo의 학급은 왜 기금을 모금하기로 결정했나요?

2. Jo의 학급은 어떻게 600달러를 모았나요?

3. Afig의 학교는 무엇을 왜 시작하였나요?

4. Are you a global citizen? Why or why not?

 : 친구들과 함께 comprehension questions를 해결해 나가는 과정을 통해서

자기주도적 읽기와 **적극적 읽기**가 가능해져요.

5. **<Review>**

Review the class by asking Ss O/X questions and encourage Ss to think about what they want to do as a global citizen.

: 저는 unscrambling activity − comprehension questions − O/X questions의 루틴으로 학생들에게 본문을 **반복적으로 노출**시키고 있어요.

다. 학생 활동 후기

2학년 김〇〇	영어 본문 배열을 함으로써 본문에 나오는 문법에 대해 생각해 볼 수 있고 한번 읽어보면서 이해가 더욱 빠르게 됐고 친구들과 문제를 풀면서 내가 잘 모르던 걸 되짚어볼 수 있었다.
2학년 문〇〇	본문을 배우기 전에 문장 배열을 하니까 본문에 대해 생각도 하고, 본문의 내용도 잘 알 수 있었다. 여러 많은 문제를 조원들과 푸니까 본문의 이해도가 높아져 이해하는 데 문제가 없었다.
2학년 권〇〇	본문 배열은 본문을 쉽게 외우고 익힐 수 있어서 매우 좋은 것 같고 활동은 본문의 중요한 핵심 포인트를 쉽게 파악하고 알 수 있어서 좋은 것 같다.
2학년 김〇〇	본문 내용을 배열하며 글의 전체적인 맥락을 파악하고 글을 읽을 수 있어서 본문 내용을 이해하기 쉬웠고 미리 이번 단원에 배울 내용을 알 수 있어서 공부를 하며 문제를 풀 때도 도움이 되어서 좋았다.
3학년 최〇〇	영어 시간에 본문 배열하기를 통해 독해 능력이 향상되었고 본문을 배열하면서 구조와 사건들을 간단하고 쉽게 알아갈 수 있었다. 그리고 모둠활동을 하면서 서로 모르는 문법이나 단어들을 문답하면서 영어 실력이 향상하였고 친구들과의 교우 관계도 더욱 좋아질 수 있었다.
3학년 이〇〇	본문 배열 활동을 함으로써 읽기 활동을 할 때 문장의 흐름을 더 쉽게 파악할 수 있다. 모둠활동을 하면 친구들과 모르는 점을 공유하고 고치면서 읽기 활동을 할 수 있어서 좋다. 모둠활동을 하면 친구들과 함께하는 기분이 들어서 읽기 활동을 할 때 자신감이 생긴다.
3학년 홍〇〇	친구들과 선생님과 다 같이 읽기 수업을 하면서 이해가 더 빨리 되고 정확하게 이해도 할 수 있었다. 왜냐하면 혼자 읽을 때는 이게 답이 맞는지 확인을 할 수 없지만 스스로 생각해보고 그걸 다른 친구들과 나누면서 얘기도 해보고 또 3차로 선생님과 답을 확인하면서 내가 어떤 부분이 잘못되었고 왜 그런 답을 생각했는지까지 깊게 생각해 볼 수 있는 시간이 되어서 정말 좋았다. 그리고 선생님이 수업 속도도 적당하게 진행해 주시고 친구들과 풀 수 있는 시간도 적당하게 주셔서 너무 좋았다.
3학년 김〇〇	이 수업을 하면 내가 친구에게 가르침을 받기도 가르쳐주기도 한다. 내가 가르쳐 줄 때 정확하지 않은 정보를 가르쳐 줄 때도 있고 정확한 정보를 가르쳐 줄 때도 있다. 이 점에서 난 정확하지 않은 정보를 가르쳐 줄 때 불편한 마음이 있었다. 가르침을 받을 때에는 친구에게 고마웠다. 그리고 친구들과 정보를 나눈 후 선생님과 본문, 문법을 공부하면 더 이해가 잘되었다.
3학년 김〇〇	문장 이어붙이기를 하면서 영어 문장의 흐름을 잘 파악하며 지문에 대한 이해를 잘 할 수 있었다. 또한 모둠원들 사이에서 상의하고 서로 가르쳐주고 배우면서 효율적으로 문제를 풀 수 있었고 영어 실력이 크게 향상되었다. 이런 모둠활동을 하면서 많은 성장을 하게 되었으며 흥미로운 영어 수업을 할 수 있어서 너무나 좋다.

02 '환경 프로젝트' 수업

김설은 선생님 (거제, 계룡중)

가. 수업의도

최근 몇 년간 뜨거운 화두로 주목되고 있는 주제 중 하나는 '환경'이다. 본 활동은 학생들이 환경 기사문 내용에 대한 이해를 바탕으로 실생활의 과제를 다뤄봄으로써 스스로 배우고 성장할 수 있도록 하였다. 우선 모둠별로 환경에 대한 다양한 주제를 탐구하여 우리 지역과 사회, 더 나아가 세계의 환경 문제에 관심을 가질 수 있도록 하였다. 다음으로 학생들이 조사한 내용을 바탕으로 인포그래픽 포스터를 완성하여 발표함으로써 환경 문제에 직접 동참하고 기여할 수 있는 기회를 제공했다. 배움에 주체적으로 참여하고 그 과정 속에서 성장하는 학생들의 모습을 관찰하고 기록함으로써 교육과정-수업-평가-기록의 일체화를 실현하고자 하였다.

나. 프로젝트 기반 학습(Project-based Learning)이란?

Project-based learning allows students to learn by doing and applying idea. Students engage in real-world activities that are similar to the activities that adult professionals engage in.

['Project-based learning' – Joseph S. Krajcik and Phyllis C. Blumenfeld, 2006]

다. 활동방법

1) 환경 기사문 이해: 환경 기사문을 읽고 주어진 문제를 풀면서 기사문의 내용을 이해한다.

2) 마인드맵 그리기: 환경 기사문의 내용을 바탕으로 마인드맵을 완성한다.

[Tip] '마인드맵/그래픽 오거나이저' 등을 키워드로 검색하여 예시로 보여주면 더 좋다.

3) 모둠별 환경 주제 탐구 및 조사: 모둠별로 서로 다른 환경 관련 주제를 탐구하고 조사한 뒤, 그 내용을 정리하여 작성한다.

[Tip] 다양한 난이도의 소주제를 제시하여 학생들이 모둠 내에서 자기 수준에 따라 소주제를 선택할 수 있도록 한다.

4) 포스터(인포그래픽) 제작: 모둠별로 조사한 내용을 바탕으로 그림과 정보를 모두 나타낼 수 있는 포스터(인포그래픽)을 제작한다.

[Tip] '인포그래픽'을 키워드로 검색하여 예시 이미지를 보여주면 더 좋다.

5) 발표: 칠판에 인포그래픽 포스터를 붙인 뒤, 모둠원이 돌아가면서 맡은 내용을 발표한다.

6) 평가 및 피드백: 학생들은 다른 모둠의 발표를 경청한 뒤 평가 활동지를 완성한다.

라. 수업 설계

학습 단계	프로젝트 흐름	교수·학습활동	평가계획
1~2차시	모둠 구성 및 환경 기사문 읽기	1. 환경 기사문 읽기 - 환경과 관련된 기사문을 읽고 내용을 이해하기	
3차시		2. 환경 마인드맵 완성하기 - 환경 기사문의 내용을 마인드맵으로 완성하기	수행평가 [개인]
4차시	프로젝트 주제선정 및 활동 계획 수립 & 조사 및 탐구	3. 모둠별 환경 주제 탐구 및 조사하기 - 모둠별 환경 주제 고르기 (모둠별 주제 선택) - 모둠 내에서 조사할 소주제를 나눠서 조사함 - 조사한 내용을 정리하여 작성함	수행평가 [개인]
5~6차시	결과물 제작 및 산출	4. 모둠별 인포그래픽 포스터 완성하기	수행평가 [모둠]
7차시	발표 및 평가 & 피드백 공유	5. 인포그래픽 포스터 발표 및 평가하기	수행평가 [개인]

마. 수업 결과물

차시	교수·학습 활동	활동지 / 활동 결과물
1~2 차시	환경기사문 읽기	 **Lesson 4 & 7** **The Earth, Our Planet (환경 프로젝트)** 년 월 일 학년 반 번 이름: **How Can We Protect Ourselves from the Effects of Climate Change?** **Introduction** Nowadays COVID-19 is the biggest issue all over the world. However, some scientists still focus on climate change. They say that COVID-19 is a threat, but climate change is a BIG threat, too. For a long time now, people have used fuels such as oil and gas, causing the Earth to heat up. We call it "Global Warming". If temperatures rise, weather patterns across the globe change. This causes continuous climate change. Scientists also see a connection between human use of fossil fuels and natural disasters such as floods, hurricanes and forest fires. A professor at Harvard University says there is hope in the way the world has responded to the pandemic. For example, people have changed their behaviors. They are staying at home more often and wearing masks. He thinks people can change their behaviors to help with climate change, too. **[소제목:** **]** What can we do to help with climate change? Well, there are three things we can do in our daily life. First, we can use fewer resources. Every day, people use electricity and heat. **These are resources and using them affects the environment.** Think about the resources you use. Consider how you can save on them. For example, turn off the lights when you leave a room or power down electronics when they aren't in use. These small actions save on electricity. **[소제목:** **]** Second, we can improve our recycling habits. Every day we make a lot of trash. In 2018, Koreans produced about 920g of trash per person every day. Much of our trash can be recycled. Kara Napoliano, a worker at a recycling center, says that **she wants everyone to learn how to recycle well.** Before you throw away plastic food containers, you should clean them first. Use reusable bags instead of using plastic bags. **[소제목:** **]** Lastly, **we can join a digital environmental movement.** The Earth Day Network plans Earth Day events each year. This year, it is holding online talks. It will have live-streamed events, too. You can watch them online. Others are encouraging people to make their voices heard. You can post an Earth Day photo on social media. Use hashtags like #DigitalStrike and #ClimateStrikeOnline. This will show the world you are celebrating Earth Day. *Excerpts from「What will happen to the environment after the pandemic?」by Christian Science Monitor, adapted by Newsela staff on 06.30.20* *「Being an environmental advocate during COVID-19」by Alexa Kurzius, adapted by Newsela staff on 04.14.20*

차시	교수·학습 활동	활동지 / 활동 결과물
3 차시	환경 마인드맵 완성하기	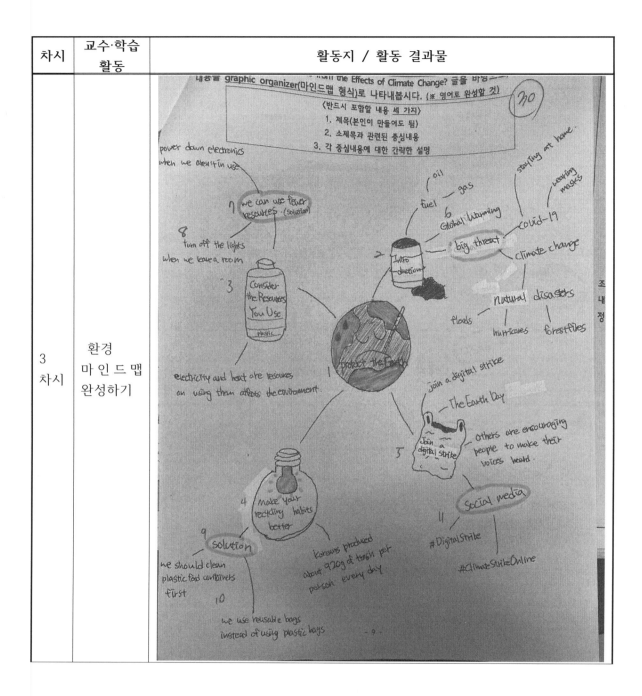

차시	교수·학습 활동	활동지 / 활동 결과물
4 차시	모둠별 환경 주제 탐구 및 조사하기	

차시	교수·학습 활동	활동지 / 활동 결과물
5~6 차시	모둠별 인포그래픽 포스터 완성하기	

차시	교수·학습 활동	활동지 / 활동 결과물
5~6 차시	모둠별 인포그래픽 포스터 완성하기	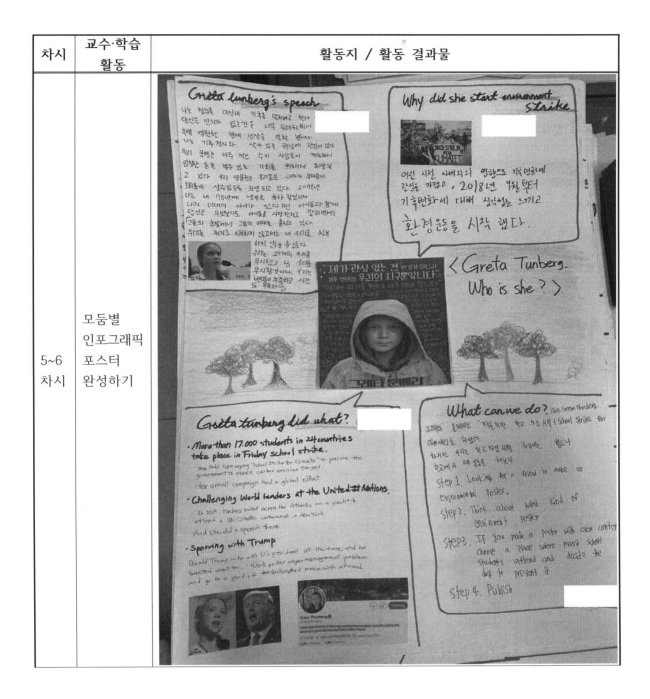

차시	교수·학습 활동	활동지 / 활동 결과물
7 차시	인포그래픽 포스터 발표 및 평가하기	

바. 수업 자료 (활동지)

Lesson 4 & 7	The Earth, Our Planet (환경 프로젝트)			
년 월 일	학년 반 번 이름:			

How Can We Protect Ourselves from the Effects of Climate Change?

Introduction

Nowadays COVID-19 is the biggest issue all over the world. However, some scientists still focus on climate change. They say that COVID-19 is a threat, but climate change is a BIG threat, too. For a long time now, people have used fuels such as oil and gas, causing the Earth to heat up. We call it "Global Warming". If temperatures rise, weather patterns across the globe change. This causes continuous climate change. Scientists also see a connection between human use of fossil fuels and natural disasters such as floods, hurricanes and forest fires. A professor at Harvard University says there is hope in the way the world has responded to the pandemic. For example, people have changed their behaviors. They are staying at home more often and wearing masks. He thinks people can change their behaviors to help with climate change, too.

[소제목: _____]

What can we do to help with climate change? Well, there are three things we can do in our daily life. First, we can use fewer resources. Every day, people use electricity and heat. **These are resources and using them affects the environment.** Think about the resources you use. Consider how you can save on them. For example, turn off the lights when you leave a room or power down electronics when they aren't in use. These small actions save on electricity.

[소제목: _____]

Second, we can improve our recycling habits. Every day we make a lot of trash. In 2018, Koreans produced about 920g of trash per person every day. Much of our trash can be recycled. Kara Napoliano, a worker at a recycling center, says that **she wants everyone to learn how to recycle well.** Before you throw away plastic food containers, you should clean them first. Use reusable bags instead of using plastic bags.

[소제목: _____]

Lastly, **we can join a digital environmental movement.** The Earth Day Network plans Earth Day events each year. This year, it is holding online talks. It will have live-streamed events, too. You can watch them online. Others are encouraging people to make their voices heard. You can post an Earth Day photo on social media. Use hashtags like #DigitalStrike and #ClimateStrikeOnline. This will show the world you are celebrating Earth Day.

Excerpts from 「What will happen to the environment after the pandemic?」 by Christian Science Monitor, adapted by Newsela staff on 06.20.20
「Being an environmental advocate during COVID-19」 by Alexa Kurzius, adapted by Newsela staff on 04.14.20

Lesson 4 & 7	The Earth, Our Planet (환경 프로젝트)
년 월 일	학년 반 번 이름:

◆ How Can We Protect Ourselves from the Effects of Climate Change? 의 글을 읽고 질문에 답하시오.

◆[서론; 1ˢᵗ Paragraph] 1~3번 질문에 답하시오.

1. COVID-19 보다 더 큰 위협이 될 수 있다고 언급된 것은 무엇인지 영어로 쓰시오.

   ⇨ Some scientists see _____.

   ⁣   .

2. fossil fuel과 Global Warming, Climate Change, natural disaster의 관계를 설명하는 부분을 글에서
   찾아 밑줄 긋고, 우리말로 설명하시오.

(우리말 답)_____

_____

_____

_____

3. the pandemic에 반응하는 사람들의 행동의 예시를 찾아 밑줄긋고 우리말로 설명하시오.
   (우리말 답)_____

4. 본론 부분에는 어떤 내용이 다루어질지 추측해보시오.
   (우리말 답)_____

◆ [본론; 2ⁿᵈ Paragraph] 5~8번 질문에 답하시오.

5. 기후 변화에 도움을 주는 방법으로 소개된 중심 문장을 찾아 밑줄긋고 우리말로 설명하시오.
(우리말 답)_____

_____

6. What kinds of resources do people use in their daily life?

   ⇨ They use _____ and _____.

7. 자원을 절약해야 하는 이유를 설명하는 문장을 찾아 밑줄긋고 우리말로 설명하시오.
(우리말 답)_____

_____

8. 자원을 절약하는 방법의 예시를 두 개 찾아 밑줄긋고 우리말로 설명하시오.
   (우리말 답)①_____

   ②_____

◆ [본론; 3ʳᵈ Paragraph] Answer the following questions #9~12.

9. 지구온난화, 기후변화를 막기 위해 두 번째로 제안한 방법을 찾아 <u>밑줄긋고</u> 우리말로 설명하시오.
   (우리말 답)_____

   _____

10. How much trash or garbage did a Korean person produce in 2018?
   ⇨ They _____ every day.

11. What can you do to *reduce trash? (*reduce 줄이다)
   ⇨ We _____.

12. 올바른 재활용 방법으로 소개된 문장 <u>두 개</u>를 찾아 <u>밑줄긋고</u> 우리말로 설명하시오.
   (우리말 답)①_____

   ②_____

◆ [4th Paragraph] Answer the following questions #13~16.

13. 지구온난화, 기후변화를 막기 위해 마지막으로 제안한 방법을 찾아 <u>밑줄긋고</u> 우리말로 설명하시오.
   (우리말 답)_____

   _____

14. Do you think Earth Day events will * be held next year? (Yes, I do. / No, I don't)
                                    (*be held: 개최되다)

(핵심 근거가 되는 문장)_____

15. What hashtags does the writer *introduce? (*introduce 소개하다)
   ⇨ She introduces _____

16. 다음 중 2~4번째 단락에 어울리는 [소제목]을 골라 각각 쓰시오.

Make Your Recycling Habits Better
Join a Digital Strike
Consider the Resources You Use

수행평가(Graphic Organizer)	The Earth, Our Planet (환경 프로젝트)
년 월 일	학년 반 번 이름:

◆ **How Can We Protect Ourselves from the Effects of Climate Change?** 글을 바탕으로, 글의 전체 내용을 <조건>에 맞게 <u>graphic organizer(마인드맵 형식)</u>로 나타내봅시다.

〈조건〉
1. <u>영어로 완성할 것</u>
2. 반드시 포함할 내용 세 가지
− 제목과 소제목
− 소제목에 관련된 핵심 근거 2~3개
− 핵심근거에 대한 간략한 설명

환경 관련 주제 탐구 – 환경 포스터 만들기(Step1)

일시	. .	학번: ( ) 이름:( )
모둠명	우리 모둠의 이름을 쓰세요.	
주제	우리 모둠이 맡은 탐구 주제를 쓰세요.	
맡은 문제	내가 조사할 문제를 쓰세요.	
조사 내용 정리	✓ 조사한 내용을 정리하여 최대한 자세히 쓰세요. (글, 그림, 도식, 도표, 그래프 등 자유롭게 표현하세요) ✓ 조사할 내용을 최소 3가지 이상 찾아서 정리하시오. ✓ 각 정보의 출처(사이트 이름, 주소, 작성자 이름, 날짜 등)를 반드시 작성할 것	

사. 과정형 수행평가 척도표

	환경 포스터 내용 구상하기	

(—)반	(우리 모둠 이름을 쓰세요) **모둠명:**
	(우리 모둠원 전체의 학번과 이름을 다 쓰세요) **학번&이름:**

✓ 우리 모둠의 <u>탐구 주제</u>가 잘 나타나도록 표현하세요. (글, 그림, 도식, 도표, 그래프 등 자유롭게)
✓ 우리 모둠원들이 앞서 <u>조사했던 내용</u>이 모두 잘 나타나도록 환경 포스터 내용을 구상하시오.

(포스터 내용 소개글) *This poster is about*

(   )학년도 (   )학기 수행평가 척도표

(영어)과 (2)학년

환경 지문 반응 포스터 만들기

단 원 명			Lesson 4, Lesson 7	
평가일(기간)			10월	
성취기준			[9영03-05] 일상생활이나 친숙한 일반적 주제의 글을 읽고 필자의 심정이나 태도를 추론할 수 있다. [9영03-04] 일상생활이나 친숙한 일반적 주제의 글을 읽고 줄거리, 주제, 요지를 파악할 수 있다. [9영04-03] 일상생활에 관한 그림, 사진, 또는 도표 등을 설명하는 문장을 쓸 수 있다. [9영02-04] 일상생활에 관한 방법과 절차에 대해 설명할 수 있다.	
평가기준		상	일상생활이나 친숙한 일반적 주제의 글을 읽고 자연스러운 어휘와 정확한 언어형식을 사용하여 내용을 종합적으로 반영하여 시각적으로 표현할 수 있다. 일상생활에 관한 방법과 절차를 조사하여 매우 새롭고 다양한 아이디어를 제시하고 설득력 있게 설명할 수 있다. 모둠원들의 입장을 이해하고 배려하며 서로 협력하는 태도로 과제를 수행할 수 있다.	
		중	일상생활이나 친숙한 일반적 주제의 글을 읽고 제한된 어휘와 비교적 정확한 언어형식을 사용하여 내용을 비교적 종합적으로 반영하여 시각적으로 표현할 수 있다. 일상생활에 관한 방법과 절차를 조사하여 비교적 새롭고 다양한 아이디어를 제시하고 설득력 있게 설명할 수 있다. 모둠원들의 입장을 어느 정도 이해하고 배려하며 비교적 협력하는 태도로 과제를 수행할 수 있다.	
		하	일상생활이나 친숙한 일반적 주제의 글을 읽고 주어진 어휘를 참고하여 불완전한 문장으로 내용을 반영하여 시각적으로 표현할 수 있다. 일상생활에 관한 방법과 절차를 조사하여 일반적이고 단편적인 아이디어를 제시하며 설명할 수 있다. 모둠원들과 함께 협력하여 과제를 수행하는 데 어려움이 있다.	
반 영 비 율			40%	배점 100점
평가 방법 및 유의사항			1. 환경 관련 글을 읽고 내용을 쓰고 시각화한다. 2. 제시된 환경 문제의 해결방안을 조사하고 새로운 아이디어를 설명한다. 3. 제시한 해결방안에 관한 환경 포스터를 작성한다. 4. 과정형 수행으로 준비도, 과제완성, 창의성, 언어사용, 의사소통능력, 대인관계능력 등을 종합적으로 평가한다.	

평가요소		배점		채점기준
Graphic organizer (30)	준비도	10	10	자신이 맡은 부분의 내용을 잘 이해하여 모둠원들에게 정확하게 전달함.
			8	자신이 맡은 부분의 내용을 이해하여 모둠원들에게 대부분 정확하게 전달함.
			6	자신이 맡은 부분의 내용을 이해하여 모둠원들에게 대부분 정확하게 전달함.
			4	자신이 맡은 부분의 내용을 이해하고 모둠원들에게 전달하는데 어려움이 있음.
	과제 완성	20	20	글의 내용을 종합적으로 반영하여 이를 모두 시각화하여 표현함.
			15	글의 내용을 일부 누락하였으나 거의 대부분을 반영하여 시각화하여 표현함.
			10	글의 중요한 내용들이 누락되었으나 이를 적절하게 시각화하여 표현함.
			5	글의 주요 내용들을 누락하였으며 적절하게 시각화하지 못함.
조사 발표 (30)	과제 완성	20	20	새롭고 다양한 아이디어로 주어진 문제의 해결방안을 찾아 모두 제시함.
			15	다양한 아이디어로 주어진 문제의 해결방안을 충실히 찾아 대부분 제시함.
			10	일반적이고 단편적인 아이디어로 주어진 문제의 해결방안을 찾아 일부 제시함.
			5	주어진 문제의 해결방안을 찾아 거의 제시하지 못함.

언어 사용	10	10	다양하고 적절한 언어형식을 사용하고 문법 및 철자의 오류가 거의 없이 문제 해결방안을 제시함.
		8	새롭고 다양한 아이디어로 주어진 문제의 해결방안을 다양하고 적절한 언어형식을 사용하고 문법 및 철자의 오류가 있으나 이해하는 데 문제가 없음.
		6	적절한 언어형식을 사용하지 못하고 문법 및 철자의 오류가 다소 있어 문제 해결방안에 대한 글을 이해하는 데 노력이 필요함.
		4	적절한 언어형식을 사용하지 못하고 잦은 문법 및 철자의 오류가 있어 문제 해결방안에 대한 글을 이해하는 데 어려움이 있음.
포스터 (30)	과제 완성	10	포스터에 들어가야 하는 내용을 모두 반영하여 완성함.
	10	8	포스터에 들어가야 하는 내용을 반영하여 완성함.
		6	포스터에 들어가야 하는 내용 일부를 반영하여 완성함.
		4	포스터에 들어가야 하는 내용을 반영하지 못하여 완성에 어려움이 있음.
	창의 성	10	새롭고 다양한 아이디어를 제시하여 과제를 수행함.
	10	8	일반적이고 단편적인 아이디어를 제시하여 과제를 수행함.
		6	새롭고 다양한 아이디어를 제시하여 과제를 수행하는 데 어려움이 있음.
	의사 소통 능력	10	자신의 생각을 자신감 있게 표현하고 상대방의 의견을 경청하는 자세가 보임.
	10	8	자신의 생각을 표현하는데 자신감이 부족한 부분이 있고 상대방의 의견을 경청하는 자세가 일부 부족함.
		6	자신의 생각을 표현하는데 자신감이 매우 부족하고 상대방의 의견을 경청하는 자세가 상당히 부족함.
		4	자신의 생각을 자신감 있게 표현하지 못하고, 상대방의 의견을 경청하지 않음.
대인관계능력 (10)	10	10	평가 활동 동안 상대방의 입장을 이해하고 배려하며 서로 협력하는 태도를 취함.
		8	평가 활동 동안 상대방의 입장을 어느 정도 이해하고 배려하며 비교적 협력하는 태도를 취함.
		6	평가 활동 동안 이해와 배려 및 협력하는 태도가 다소 부족함.
		4	평가 활동 동안 이해와 배려 및 협력하는 태도가 매우 부족함.
총점		100점	

수업 활동지 및 학생 활동 결과물

03 스스로 학습을 위한 단원 정리 활동

양은주 선생님 (김해, 능동중)

가. 수업의도

교과서의 각 단원은 중심 소재를 중심으로 듣기, 말하기, 읽기, 쓰기 그리고 문법이 연결되어 있는 구조인데 학생들이 각 파트에서 배운 내용을 개별적으로 떼어서 단편적으로만 생각하고 큰 그림을 그리지 못하는 경우를 많이 보았다. 그리고 진도를 바쁘게 나가다 보면 교사는 가르쳤는데 학생은 무엇을 배웠는지 기억을 하지 못하는 경우가 있어서 학생들에게 '학(學, 지식이나 기술을 배우는 것)'이 아닌 '습(習, 배운 지식이나 기술을 익히는 것)'의 시간이 꼭 필요하다는 생각이 들었다.

따라서 학생들에게 배운 내용을 스스로 정리하고 자신의 학습을 점검할 수 있는 시간을 주기 위해 각 단원(Lesson)이 끝날 때마다 마인드맵의 형태를 통해 학생 스스로 단원 정리의 기회를 주자는 결론에 이르렀다.

나. 활동준비

- 교사 : A4 사이즈의 백상지, 색연필
- 학생 : 해당 단원에 사용한 학습지 전체, 교과서, 필기구, 색연필

다. 활동방법

1. 활동순서
   ① 학생들에게 단원이 끝난 후 배운 내용을 스스로 정리하는 활동의 필요성에 대해 설명한다.
   ② 각 단원의 구성을 알려주어 단원을 전체적으로 파악할 수 있도록 안내한다.
      예) 메인 키워드- 단원 제목이나 소재
         서브 키워드- 단원의 각 파트(Listening, Speaking, Grammar, Reading, 소감 etc)
   ③ 다른 단원의 예시 작품을 칠판에 전시하거나 조별로 학생들에게 넘겨서 보여준다.
   ④ 백상지를 학생에게 배부한다.
   ⑤ 학생들은 학습지나 교과서를 살펴보며 단원 정리를 스스로 한다.

2. 유의사항
   ① 차시 예고를 통해 해당 단원 학습지 전체, 교과서와 필기구를 준비할 수 있도록 안내한다.
   ② 적절한 색의 사용에 대해 안내한다. 처음부터 끝까지 검은색 볼펜으로 빼곡히 적은 예시와 지나치게 다양한 색을 사용해 화려하게만 만든 예시 작품을 보여주고 가독성 있는 작품에 대한 안내가 필요하다.
   ③ 활동의 목적이 그림그리기가 아니라 배운 내용을 스스로 정리하는 것임을 명확히 한다.
   ④ 느낀점(또는 소감)을 서브 주제로 넣어서 학생들이 단원 정리를 하면서 느낀 학습 시 보완해야 할 점, 자신 있는 점, 각오 등을 적도록 하여 성찰의 시간이 되도록 한다.

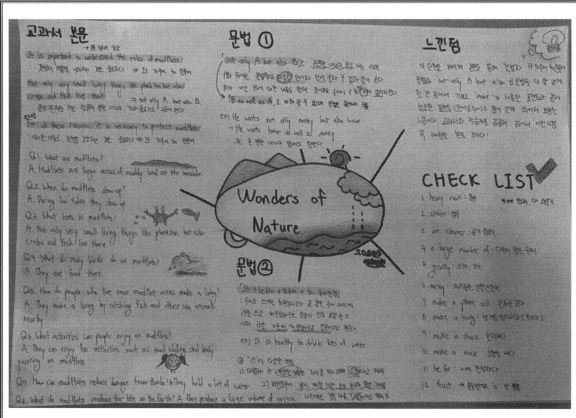

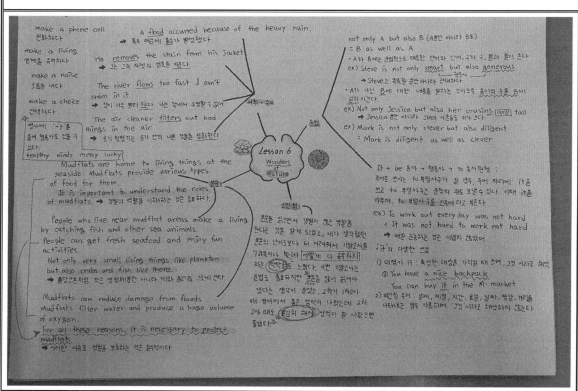

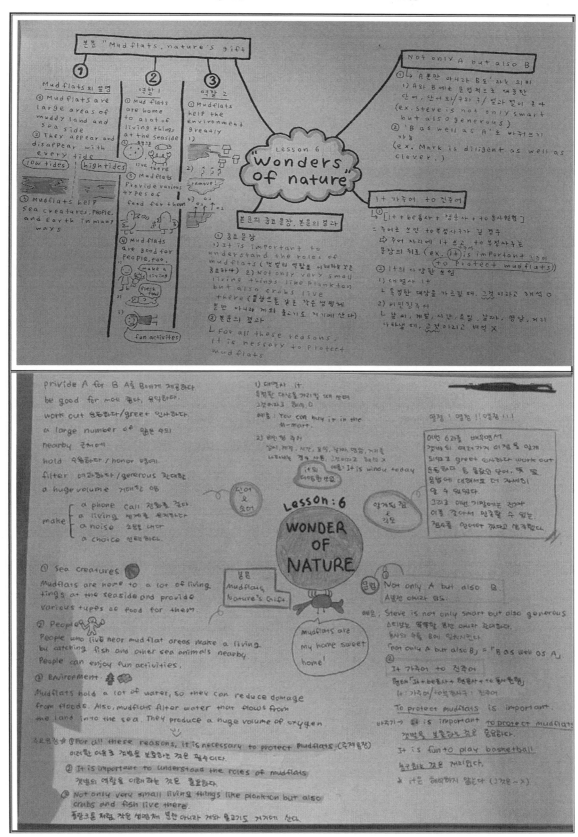

마. 학생 활동후기

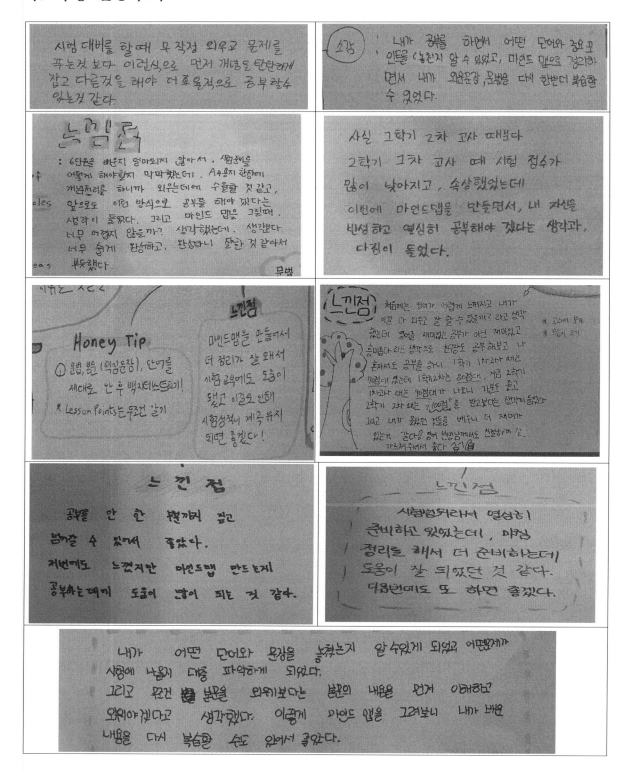

바. 기타

- 동학년 교사와 협의를 통해 수행평가 항목으로 넣으면 학생들의 보다 적극적인 참여 유도 가능.

04 우리반 단합을 위해! (명령문을 이용한 TPR수업)

박선미 선생님 (합천, 합천중)

가. 수업 의도

　문법 수업을 할 때마다 난관에 봉착한다. 다양한 수준의 아이들을 어떻게 하면 모두 만족시킬 수 있을까? 무임승차 하는 아이들은 항상 있고 그들이 늘 안타깝다. 내가 개인적으로 다가가 말을 걸고 설명하면 참여도나 이해도가 훨씬 좋은 걸 알지만, 한 반의 모든 아이들에게 그러기란 불가능인 것을 나이가 들어가고 체력적으로도 쉽지가 않다는 것을 느낀다. 그렇다고 조별로 나누고 서로가 서로의 학습을 도와주는 수업을 유도해도... 여전히 나눔에 인색하고 어색한 아이들이 많다.

　그래서 현재 내가 추구하는 문법 수업은 수준별 학습지와 재미있는 수업 구성이다. 학생들은 몸을 움직이면 일단 재미있어한다. 수업 시간에 배운 '명령문'과 임용 시험 때 지겹도록 들은 TPR을 접목한 수업... 매번 아이들이 좋아했던 것 같다. 영어 능력을 넘어선 반의 단합까지 이끌 수 있는 요소가 가미되어 매력이 있었던 것 같다.

나. 수업 자료 출처

2010년에 경남교육청 주관으로 캐나다 벤쿠버에 영어 연수를 다녀왔었다. 그때 그곳의 원어민 선생님께서 알려주신 자료를 재구성하여 실제 수업에 활용했다.

다. 활동 준비

- 명령문 문법 수업(이론 설명, 학습지 풀이) 후 진행하였음.
- 단어 카드를 코팅하여 준비

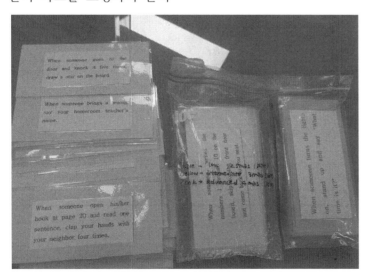

- 미션 성공 시 부여할 초코**등 작은 과자

라. 활동 방법

1. 환경조성
- 자리 배치: 학생들의 책상과 의자를 이동하여 하나의 큰 원을 만든다.
- 카드 배부: 총 35개의 카드를 학생 수에 맞게 나눠준다. 예를 들어 한 반 학생 수가 26명일 경우 카드 총수가 36개이므로, 학생 1인당 1~2개 정도 나눠주면 된다.

- 교실 TV에 타이머가 보이도록 세팅

time limit	2.5 mins

2. 게임 방법 설명
- 준비된 카드 4개를 골라 칠판에 적고 서로의 카드가 유기적으로 연결되어 있음을 알려준다.

첫 번째 카드→

> When the teacher says "Begin",
> look out of the window.

두 번째 카드→

> When someone looks out of the window, write
> your name on the board in English.

세 번째 카드→

> When someone writes his/her name on the board
> in English, open the door.

...

마지막 카드→

> When someone puts the chair behind the
> classroom, sit down on the chair and say "Finish!"

교사가 제일 먼저 'begin'을 외치면, 원형으로 앉아있는 아이들 중 한 명이 자리에서 일어나 창가로 가서 밖을 바라본다. 그러면 또 다른 학생이 칠판에 나가 이름을 영어로 적고, 이를 본 또 다른 학생이 문을 연다. 이런 식으로 침묵 속에 행동이 쭈~~욱 이어지고, 맨 마지막 학생이 time limit 내에 'Finish!'를 외치면 미션 성공

- 규칙 설명
  첫째, 절대 말을 하면 안 됨. 웃음소리나 의성어 등은 가능.
      만약 누군가 말을 하면 다음 도전 시 시간을 10초 줄임.
  둘째, 친구가 틀리더라도 비난하지 않고 도와준다.
- 반의 단합심을 시험하는 게임이라며 다른 반이나 학년과의 비교를 통해 승부욕을 자극한다.

3. 카드 문장 공부
- 카드를 이해할 시간을 준다. 사전을 찾거나 친구들이 협력하여 뜻을 알도록 지도.
  더불어 수업 시간에 배운 '명령문'이 포함되었다는 것도 강조.

4. 게임 진행: 주어진 시간 내에 mission을 완료하면 학생들에게 과자 등 작은 선물을 준다.

마. 학생 활동사진 및 영상

바. 활동 꿀팁

- 미션 성공 전후 긴장감과 재미를 더하기 위해 개인이 가진 카드 중 하나를 다른 사람과 교체하여 계속 진행하도록 함
- 문법 수업과의 연계를 위해 활동 카드를 '교사가' 미리 준비하는 것이 아니라, 우리말이 적힌 종이카드 명령문을 학생들에게 나누어 주어 영작하도록 하고, 그 결과물을 가지고 실제 게임하는 것도 괜찮은 방법일 듯.
- 명령문에 제한하지 말고, 분사구문, 진행형 등의 다양한 문법 이론에 접목하여 활동 가능

사. 활동지

When the teacher says "Begin", look out of the window.	When someone goes to the door and knock it five times, draw a star on the board
When someone looks out of the window, write your name on the board in English.	When someone draw a star on the board, open your eyes wide and say "Look at my eyes".
When someone writes his/her name on the board in English, open the door.	When someone opens his/her eyes wide and say "Look at my eyes", turn the light off.
When someone opens the door, bring a broom.	When someone turns the light off, run around the classroom like a crazy plane.
When someone brings a broom, say your homeroom teacher's name.	When someone runs around the classroom like a crazy plane, draw the curtain.
When someone says his/her homeroom teacher's name, go to the door and knock it five times.	When someone draws the curtain, cry like a cow.

When someone cries like a cow, go to the board and write A through G on the board	When someone put your knees on the floor, say "You did a good job"
When someone goes to the board and write A through G on the board, erase D and F.	When someone says "You did a good job", jump up and down two times.
When someone erase D and F, do sit-up five times.	When someone jumps up and down two times, speak 5 subjects in English.
When someone does sit-up five times, clean the board.	When someone speaks 5 subjects in English, open the curtains.
when someone cleans the board, take the chair to the wall.	When someone open the curtains, put your chair on the desk.
When someone take the chair to the wall, put your knees on the floor.	When someone puts his/her chair on the desk, open your book at page 20 and read one sentence.
When someone open his/her book at page 20 and read one sentence, clap your hands with your neighbor four times.	When someone sings the first part of the school song, lean on the door.
When someone claps his/her hands with his/her neighbor four times, leave your left shoe in the hallway.	When someone leans on the door, laugh loudly.
When someone leaves his/her left shoe in the hallway, say "Try again, please"	When someone laughs loudly, put your hands on your head.
when someone says "Try again, please", leave your right shoe in the hallway.	When someone puts his/her hands on his/her head, put your right hand up.
When someone leave his/her right shoe in the hallway, go to the oldest student and bow.	When someone put his/her right hand up, put the chair behind the classroom.
When someone goes to the oldest student and bow, sing the first part of the school song.	When someone puts the chair behind the classroom, sit down on the chair and say "Finish!"

05 '스냅챗' 앱을 활용한 자기소개 가렌더 만들기
(주격관계대명사 활동)

박선미 선생님 (합천, 합천중)

가. 수업 의도

어느 순간부터인지는 모르겠지만, 학생들이 실제로 말을 하는 영어 수업을 하고 싶다는 생각이 간절해졌다. 원어민 선생님이 일주일에 한 번 수업을 들어오지만, 듣기는 풍부해지나 가끔은 학생들이 입을 더 닫는 수업 같기도 하다는 생각도 들곤 했다. 교과서 수업하랴, 따로 말하기 수업하랴... 매번 수업 시수가 적다고 핑계 아닌 핑계를 대면서... 나름 자기 합리화를 했던 것 같다.

그래서 '기존 내가 하던 것에 말하기(혹은 쓰기)를 더해보자'라는 결론에 이르렀고, 문법 수업 시 학생들의 진짜 이야기를 소재로 사용하는 수업에 도전해 보기로 했다. 그리고 작품이 공개가 되면 학생 스스로 홍보도 되고, 친구들과도 좋은 이야깃거리도 될 것 같아서 작품을 전시하기도 했다.

나. 활동 전 준비

: 학습지, 학생 핸드폰, 가렌더 샘플, 마끈, 테잎, 싸인펜, 색연필, 가위, 풀

<가렌다 샘플>

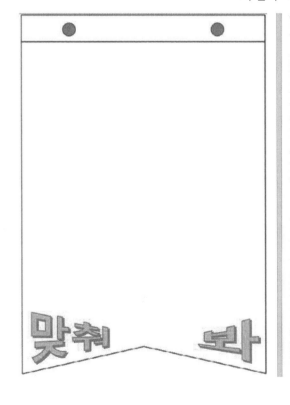

다. 활동지 양식

주격 관계대명사

1. 관계 대명사를 영어로 쓰면? : (철자) _____
   (발음을 한글로 적으면) _____

2. **This is the girl. And she is pretty** 에서
   - _____과 _____는 같은 것을 가리킵니다.
   - 이럴 때 앞에 나온 the girl을 문법 용어로 _____라고 부르고,
   - _____ 가 (사람, 사물)이기 때문에
   - 두 번째 she를 (who, which)로 바꿉니다.
   - 그래서 두 문장을 합쳐 한 문장으로 적으면
     This _____ 가 되고,
   - 해석은 (앞→뒤, 뒤→앞)으로 한다.
   - 여기 쓰인 'who'를 _____관계대명사라고 합니다.

3. 주의할 점은, 관계대명사를 해석하면 (됩니다, 안됩니다)

4. '관계대명사+be' 동사는 생략할 수 (있다, 없다)

> 선행사가 사람일 경우 _____ , 사물일 경우 _____
> 둘 다 일 경우 _____을 쓴다.

A. 선행사에 밑줄을 긋고, 괄호 안에서 알맞은 단어를 골라 문장을 완성하시오.

1. Mr. Smith is the teacher (who / which) came from England.

2. I want to have a robot (who / that) can make pizza.

3. David has a brother (who / which) plays basketball well.

4. I want to buy a house (who / which) has many rooms.

Let's make the paper garland

1. 자신을 소개하는 문장을 관계대명사를 활용하여 3개 적으시오.
   <예> I am the man who is the tallest in my class.

   ① I am the man who has two eyes.
   ② I am the man who has two ears.
   ③ I am the man who has ten fingers.

2. 자신의 이미지를 하나 정해볼까요? (^^)

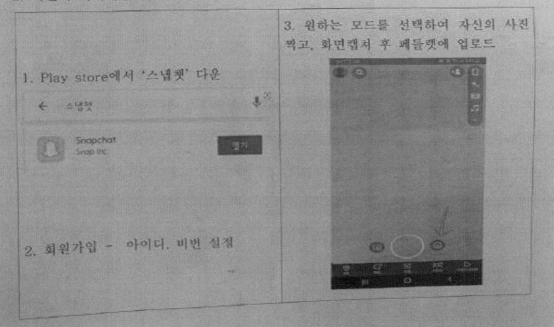

1. Play store에서 '스냅챗' 다운

   ← 스냅챗

   Snapchat
   Snap Inc   열기

2. 회원가입 - 아이디, 비번 설정

3. 원하는 모드를 선택하여 자신의 사진 찍고, 화면캡처 후 패들렛에 업로드

라. 활동 방법

1. 1차시

가. 문법 설명: 주격관계대명사의 핵심 이론만 간단히 설명 +
   간단한 문제 제시

나. 자신의 이미지 선정

 1) 교사의 스냅챗 앱의 활용법 안내
 2) 학습지 뒷면의 설명에 따라 학생들이 앱을 깔고 사진
    하나를 선정 후, 핸드폰 화면 캡처
 3) 패들렛에 읽어 들인 사진을 올림

다. 수업이 끝나면 교사는 학생이 올린 사진 이미지를 다음
   수업 전에 인쇄.

스냅챗 활용법 안내 영상

2. 2차시

가. 지난 시간 복습: 교과서에 탑재된 문제 풀이로 심화

나. 학습지를 나누어 주고, 자신을 설명하는 문장 3개를 주격관계대명사로 쓰도록 함.

다. 다 쓴 학생은 교사에게 보여주고, 문법 오류 같은 것 수정하고, '인쇄된 본인 사진+ 가렌다
   샘플 종이+ 싸이펜, 가위, 풀 등' 올린 사진 인쇄을 받고, 가렌더 종이를 꾸민다.

라. 완성한 학생은 복도로 나가, 창문 옆에 가렌더를 건다.

마. 학생 결과물

44

바. 활동 꿀팁

- 스냅챗을 활용한 이미지를 다른 문법 시간에도 활용할 수 있었다.

가. '묘사하기' 표현 익힌 후 활동

< 학습지① >

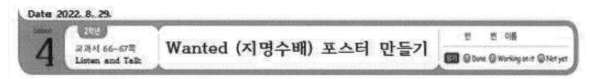

1. Play store에서 지명수배 포스터 사진 편집자　　　　다운

2. 각종 툭튀! 광고에 유의......(^^)

3. 자신을 지명수배 대상이라고 생각하고 포스터 제작

4. 자신을 묘사하는 표현(뒷장 참고)이 5가지 이상 들어가도록

5. 완성되면 화면 캡쳐 (screen capture) 하고

6. 패들렛의 자기 번호 밑 (+)에 이미지를 올린다

7. 활동이 끝나면 학습지에 원어민 교사의 싸인을 받는다.

< 학습지 ② : 네이버 '영어교사 공유나라'에 올라온 자료 활용>

나. 동명사 수업 후 "내 친구를 소개합니다" 포스터 만들기

< 학습지 >

< 친구 소개글 쓰기 >

※ 아래 항목 중 7개 이상 골라, 친구에게 인터뷰 하세요

| Hello, I'd like you to meet my friend. | Hi, Let me introduce my (lovely) friend. |

His name is _____

| He enjoys _____ | He hates _____ |

| _____ takes a long time | He is good at _____ |

| His bad(good) habit is _____ | He's interested in _____ |

| _____ is easy (difficult) | His dream is being a(an) _____ |

Thank you for reading.

< 학생 작품 >

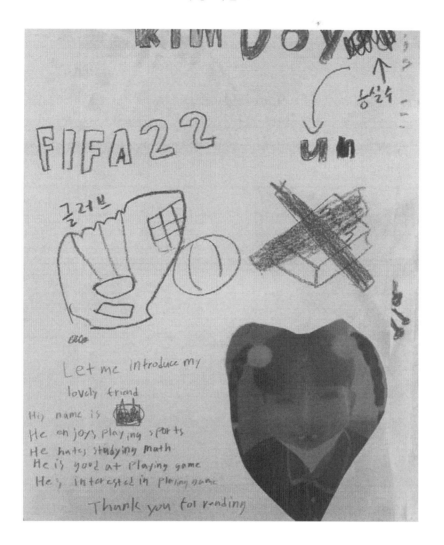

06 그림카드를 활용한 스토리텔링 수업 (1) : 대면수업용

신보미 선생님 (양산, 서창중)

가. 수업의도

본문 수업이 끝난 후 내용 파악을 효과적으로 할 수 있는 활동을 고민하던 참에, 경남교육청 교육연수원에서 실시한 <2017년 하반기 수업능력함양연수> 때 보드게임 '딕싯카드'를 활용한 감정과 느낀 점 표현하기 활동이 떠올랐다. 활동을 확장 시켜서 카드를 활용한 영작 활동을 통해 시각적 요소에 흥미와 몰입도가 높은 학생들에게 눈높이 수업이 될 것 같아서 시작하게 되었다.

나. 그림카드 종류

그림카드 종류를 찾아보니 아래에 제시된 카드 종류를 접할 수 있었다. 추상적이거나 배경 위주의 사진보다는 인물이 나오고 학생들이 공감할 수 있는 생활 속 경험 카드로는 '도란도란 그림카드'가 적절하여 선정하게 되었다. 해당 카드는 1세트당 100장의 다양한 상황별 카드로 구성되어 있다.

다. 활동준비

모둠별 활동으로 활동 전에 필요한 준비물은 다음과 같다.

A3로 출력된 활동지 7~8장, 그림카드 7~8세트, 칠판 부착용 자석 30개 가량

라. 활동방법 (1) 본문 복습

1) 조별로 A3 종이, 그림카드 1세트씩을 나눠준다.

2) 조원들끼리 단락을 정해서 내용과 관련된 그림을 각각 1~2장씩 고른다. (총 카드 수는 4장~8장 정도)

Tip) 교과서 본문 요약이 아닌 경우, 수업과 관련된 영상 시청 후 영상 내용 요약으로도 효과적이었음.

3) 조원들끼리 돌아가며 단락 내용을 이야기하고, 각자가 해당 그림카드를 선정한 이유를 설명한다.

4) 순서대로 카드를 A3 종이 위에 올려놓고, 각 카드에 해당하는 내용을 협력해서 1~2문장씩 영작한다.

Tip) 3~4번까지 15분 정도 시간을 부여하는 것이 적당함

5) 조별로 나와서 그림카드를 설명하고 영작한 내용을 발표한다.

마. 활동방법 (2) 스토리텔링

1) 조별로 A3 종이, 그림카드 1세트씩을 나눠준다.

2) 1인당 자신이 원하는 카드를 <u>무작위로 2장씩</u> 고른다. (총 카드 수는 6장~8장 정도)

3) 조원들끼리 의논하여 각자가 고른 카드를 스토리텔링으로 이야기가 되게 연결해 본다.

4) 선정한 카드를 A3 종이 위에 올려놓고, 각 카드에 해당하는 내용을 협력해서 1~2문장씩 영작한다.

Tip) 3~4번까지 15분 정도 시간을 부여하는 것이 적당함

5) 조별로 나와서 그림카드를 설명하고 영작한 내용을 발표한다.

바. 활동후기

직접적인 활동후기를 학생들에게 받지는 못했지만, 수업 관찰을 통해 학생들의 창의적인 카드 선정부터, 영작에 집중하는 모습, 발표력까지 학생들이 신이 나서 수업에 참여하는 모습이 매우 인상적이었다.

사. 활동사진

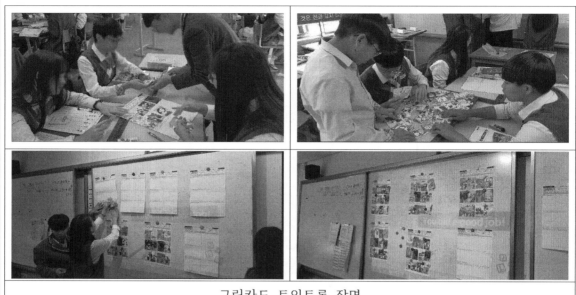

그림카드 토의토론 장면

그림카드 발표하기

아. 그림카드 활용 수업 아이디어 (추가)

출처 : 톡톡 생각카드

1) [모둠활동] 첫 수업 [아이스브레이킹]
① 현재 내 상태를 표현하고 있는 사진 3가지 선택
② 카드를 내려놓으면서 돌아가면서 이야기 하기

2) [모둠활동] 함께 이야기 만들기
① 왠지 끌리는 사진 3가지 선택
② 사진 한 장을 내어 놓고 이야기를 하면 옆 사람이 이어 가기
③ 3바퀴 돌아가면 스토리가 완성됩니다.

아. 활동지 양식

모둠 토론 자료	Unit 8. The Migration of Birds	00중 2학년
사진 토론 "Photo Talk!"	"사진으로 본문 내용 파악하기"	[ ] 학년 [ ] 반 모둠 : [ ]

※ 각 질문에 해당하는 그림을 조별로 의논한 뒤, 빈 칸에 사진을 넣으세요.

[사진 토론 1] 철새의 특징에 해당하는 그림 고르기

그림	그림	그림	그림
영작)			

[사진 토론 2] 철새의 이동에 위협되는 요소 해당하는 그림 고르기

그림	그림	그림	그림
영작)			

사진 토론 "Photo Talk!"	"그림으로 본문 내용 요약하기"	[ ] 학년 [ ] 반 모둠 : [ ]

※ 6과 본문 내용과 관련된 그림카드를 고르고 그림 아래에 내용을 요약하시오.

그림카드로 스토리보드 짜기

그림1	그림2
영어문장)	영어문장)
그림3	그림4
영어문장)	영어문장)

07 그림카드를 활용한 스토리텔링 수업 (2) : 비대면수업용

신보미 선생님 (양산, 서창중)

가. 수업의도

앞서 언급한 그림카드를 활용한 본문 내용 파악 및 영작 활동을 온라인 수업에서도 이어가고 싶었다. 그림카드를 어떻게 온라인상에서 구현하느냐를 고민하다 카드를 스캔을 떠서 이미지 파일로 만드는 작업을 하였다. 시간이 다소 걸리는 작업이긴 하였지만 스토리텔링을 초반에 하기 힘들어하는 학생들에게 그림카드는 이야기의 상상력을 자극하고 아이디어를 제공해주는 촉매제 역할을 하기에 그림카드로 수업 준비를 하였다. 비대면이든 대면이든 시각적 요소에 흥미도가 높은 학생들에게 그림카드를 활용한 수업은 몰입도를 높이기에 매우 효과적이다.

나. 활동준비

1) '도란도란 그림카드'를 스캐너 앱 'Cam Scanner'를 활용하여 스캔을 한다.

Tip) 1세트당 100장이 들어있는데, 모두 스캔하기가 어렵다면, 일부(30~40장)만 스캔해서 활동해도 충분하다.

2) 구글 프레젠테이션 슬라이드에 스캔한 이미지 파일을 붙인다. 슬라이드 2~3장 정도 분량으로 준비한다.

3) 구글 프레젠테이션 슬라이드에 학생들이 스캔한 그림카드를 골라서 영작 할 수 있는 슬라이드를 만든다.

과제 1		
![그림1]	![그림2]	3번 그림 올려놓기
영작)	영작)	영작)
4번 그림 올려놓기	5번 그림 올려놓기	
영작)	영작)	

Tip) 구글클래스룸을 사용하는 경우, 반별로 과제를 1명씩 할당하여 주면 간편함. 저자의 경우 구글클래스룸을 별도로 사용하지 않았고, 소규모 동아리(10명 남짓) 수업이여서, 1명씩 사본을 만들어서 별도로 개별 링크를 올려놓았음.

Tip) 학생들이 처음에는 사진을 복사해서 붙이기를 어려워 하는데, 익숙해지면 잘 해냄. 사진 옮기는 작업이 번거롭다면, 교사가 사진 5-6장을 지정하여 정한 뒤, 해당 사진으로 스토리텔링을 하는 수업도 추천함.

4) 구글 프레젠테이션에 그림카드 활동에 대한 설명과 개별 링크(저자의 경우는 개별 링크 활용)를 걸어 둔다.

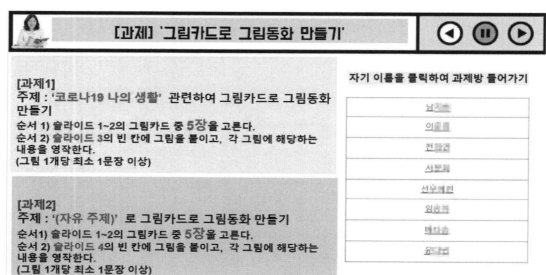

5) 과제 영상을 별도로 만들어서 학생들의 이해도를 높인다.

그림카드 안내영상

[구글 프레젠테이션 활용] 그림카드로 동화만들기 안내영상[학생용]

다. 활동방법

1) 학생들은 구글클래스룸 또는 교사가 전달해주는 링크(구글 프레젠테이션)로 들어간다.

2) 1번째~2번째 슬라이드에 올라온 사진 중 5~6개를 고른다.

3) 표로 작성되어있는 3번째 (혹은 4번째) 슬라이드에 자신이 생각한 스토리에 맞춰 사진을 순 서대로 복사해서 표에 붙여넣는다.

4) 그림에 맞는 영어 문장을 1~2문장 영작한다.

라. 활동꿀팁

그림카드 스캔이 번거롭고, 준비시간이 부족하다면, 학생들이 직접 **[구글 프레젠테이션]- [삽입 -[웹 검색]으로 이미지를 검색**하여, 이미지를 구글 프레젠테이션에 넣어서 스토리를 작성하게 하 는 방법이 있다. 정해진 그림카드 이미지에서 벗어나 학생들이 생각한 창의적이고 보다 다양한 이미지들을 활용할 수 있어서 추천한다.

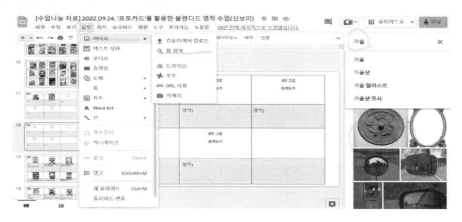

마. 활동사진 (QR)

그림카드 학생활동영상

[구글 프레젠테이션] 그림카드로 그림동화 만들기_학생 활동 영상

바. 활동지

구글프레젠테이션 사본을 활용하여 재구성하거나 재사용하면 된다.

https://docs.google.com/presentation/d/1D4LjpZOqwrXOp2DIT31hgd_na05f58gnCS8w0T40h80/copy

구글프레젠테이션 사본

08 의미 단위 본문 활동 (1) : 모둠활동용

신보미 선생님 (양산, 서창중)

가. 수업의도

의미 단위 본문 활동은 약 10년 전부터 수업 시간에 해오던 수업 형태이다. 초반에는 개별적으로 학생들이 개인 프린트에 의미 단위를 옮겨 쓰고 난 뒤, 교사가 풀이하고 따라 읽는 과정을 통해 의미 단위 파악을 손쉽게 할 수 있도록 했다. 이후 좀 더 학생 참여 중심으로 할 수 있는 방법이 무엇일까 고심하던 끝에, 모둠 의미 단위 본문 활동을 시작하게 되었다. 제작 방법에 대해 문의하시는 선생님들께 설명도 해 드리고, 동학년 선생님과 공동제작을 통해 수업에 적용하면서 활동의 효과성을 확신하게 되었다. 영어 자체에 흥미도가 떨어지거나 성취도가 낮은 학생들부터 높은 학생들까지 재미있게 수업에 참여할 수 있다는 측면에서 대부분의 학생들에게 학습효과가 있다고 말할 수 있다.

나. 의미 단위 본문 활동이란?

1) 의미 단위 본문 활동은 영어 단락 및 문장을 의미 단위(끊어 읽기 단위)로 배열하고 옮겨쓰는 활동으로 문장 구조에 대한 지식을 귀납적으로 익히고 활용하여 의사소통역량을 기를 수 있는 본문 활동 모형이다.
2) ㉠의미 단위 본문 활동지 판에 ㉡의미 단위 조각을 문장구조(주어, 서술어, 목적어, 부사어, 수식어구, 형용사구)에 따라 (문법 용어 설명을 배제하고) 배열함으로써 문장별 언어 형식을 자연스럽게 배울 수 있다.

< ㉠ 의미 단위 본문 활동지 판 일부 >

1번

새 학년의 시작은	엄청난 스트레스입니다	많은 학생들에게

2번

어떻게 하면 우리는 ~ 할 수 있을까요?	순조롭게 출발하다

3번

'Teen Today' 잡지는	Raccoon 97에게 물었습니다

인기 있는 웹툰 작가인	의견을

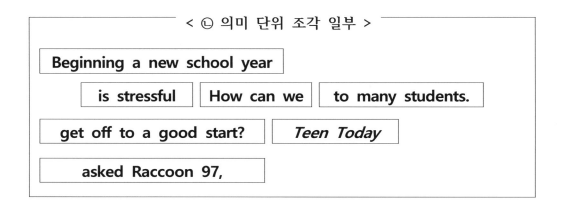

< ㉡ 의미 단위 조각 일부 >

Beginning a new school year

is stressful   How can we   to many students.

get off to a good start?   *Teen Today*

asked Raccoon 97,

다. 2015 개정 교육과정 영어 성취기준 – '의미 단위로 끊어 읽기'

중학교 2015 개정 교육과정 영어 성취기준 중 읽기 영역에서 가장 먼저 제시되는 성취기준은 '문장을 의미 단위로 끊어 읽으면서 의미를 파악할 수 있다'이다. 문법 용어를 사용하지 않더라도 암묵적 지식(Implicit Knowledge)과 귀납적 학습으로 지속적으로 본문 문장 구조를 분석 및 활용함으로써 자연스럽게 의미 단위로 영어 문장 보는 눈을 기를 수 있다.

< 중1-중3 영어과 읽기 영역 성취기준>

교육과정 성취기준		평가기준
[9영03-01] 문장을 의미 단위로 끊어 읽으면서 의미를 파악할 수 있다.	상	길고 복잡한 문장을 의미 단위로 끊어 읽으면서, 문장의 의미를 정확하게 파악할 수 있다.
	중	문장을 의미 단위로 끊어 읽으면서, 문장의 의미를 대략적으로 파악할 수 있다.
	하	짧고 단순한 문장을 의미 단위로 끊어 읽으면서, 문장의 의미를 부분적으로 파악할 수 있다.

라. 활동준비 · 활동방법

저자의 경우 천재교육(이재영) 중2~3학년 교과서를 썼고, 2020년 3월부터는 의미 단위 본문 활동지와 의미 단위 조각이 별도로 제작되어 T-셀파에 탑재가 되어 있다. 천재교육 교과서를 쓰지 않는 교사 분들도 제작을 하실 수 있도록 사전 준비 과정을 상세하게 적어본다.

1. 본문 다운로드	2. 의미단위 표 만들기

1. 본문 다운로드

1) [사전 작업] 천재교육 티셀파(혹은 교사용 CD) 접속
http://m.tsherpa.co.kr/
후 '교과서 본문 한글파일' 다운로드

2. 의미단위 표 만들기

2) 한 문장씩 의미덩어리(주어, 서술어, 목적어, 부사어, 접속사, 형용사)에 해당하는 영어와 우리말을 표에 넣는다.

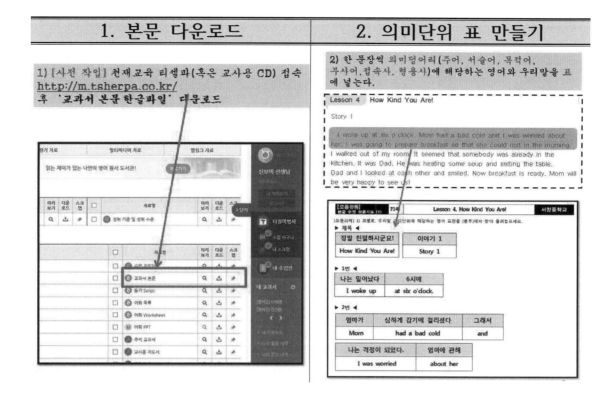

3. 표에서 영어 덩어리 분류	4. 코팅 후 자르고 봉투에 넣기

3. 표에서 영어 덩어리 분류

3) 3-❶ 완성된 표에서 영어 표현들만 모두 지워 빈칸을 만든다. → 3-❷ 지운 영어 표현은, 별도의 파일에 따로 모아 저장한다.

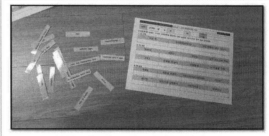

4. 코팅 후 자르고 봉투에 넣기

4) 3-❶, 3-❷를 코팅한 뒤, 3-❷(의미단위로 자른 영어표현)를 조별 수(보통 1조에 4명=총 7조) 만큼 봉투에 넣어서 조별로 나눠준다.

5. 모둠별로 배열하기	6. 개인 유인물(앞장)

5) [본 수업 ❶] [모둠활동] 조별로 배열하게 하고 빨리 완성된 조에게는 칭찬 스티커를 부여한다.
⟶ [기대효과] 영어 흥미도 향상, 공동체 역량, 의사소통 능력 향상

모둠별로 몰입해서 의미단위를 배열하는 모습

6) [본 수업 ❷] [개인활동]
❶ 단어 배열이 완료된 조에게는 개별 프린트로 직접 배열한 형태와 동일한 프린트를 나눠준다.
❷ 배열된 종이를 보면서 옮겨 쓰게 한다.
❸ 또는 해당 교과서 페이지를 펴게 해서, 옮겨 쓰게 한다.

[개인과제] 편집 수업 보충자료 (1)	2쪽	Lesson 4. How Kind You Are!		서원중학교
2019년 월 일	학번		이름	칭찬스티커

[개인과제] 1) 모방 활동 후, (빈칸들을 보며) 숫자들에 해당하는 '영어 표현' 을 찾으세요.
2) 완료된 후, 맞은편 관련한 문제를 푸세요.

▶ 제목 ◀

정말 친절하시군요!	이야기 1

▶ 1번 ◀

나는 일어났다	6시에

▶ 2번 ◀

엄마가	심하게 감기에 걸리셨다	그래서

나는 걱정이 되었다	엄마에 관해

▶ 3번 ◀

나는 ~하려고 했다	아침을 준비하다

엄마가 편히 쉬고 계실 수 있도록	아침에

모둠활동 후 제공하는 개별 프린트 양식(앞면)

7. 개인 유인물에 옮겨쓰기

조별로 의미단위별로 배열된 표를 보고, 개별로 1장(양면) 나눠준 유인물에 옮겨 쓰는 모습.
⟶ [기대효과] 자기주도학습 및 반복학습 효과

8. 개인 유인물 풀기(뒷장)	9. 의미 단위별로 소리 내어 읽기
7) [본 수업 ❸] [모둠활동 + 개인활동] 뒷장 프린트의 빈칸을 모둠 구성원들과 의논해서 채워 본다. ➡ [기대효과] 자기주도학습, 심화학습 및 반복학습	8) [본 수업 ❹] ❶ 개인 프린트 1장(양면)을 학생들이 채우고 난 뒤, PPT로 제작된 파일을 화면을 띄운다. ❷ [프린트 앞면] 의미단위로 끊어진 표를 소리 내어 따라 읽는다. ❸ [프린트 뒷면] 빈칸 정답을 학생들에게 맞출 기회를 주고, 정답을 확인한다. ➡ [기대효과] 반복학습, 발표력 향상
모둠활동 후 제공하는 개별 프린트 양식(뒷면)	PPT로 제작된 내용(한글 파일 챕처된 내용임, 손엽재 제작함)

마. 활동꿀팁

모둠별로 또는 개인별로 의미 단위 본문 활동의 속도에 차이가 난다. 그럴 때는 먼저 모둠활동 (의미 단위 배열)을 끝낸 모둠에게 개인 활동지를 먼저 나눠주고, 개인 활동지를 채우는 시간을 가지게 하면 시간 활용에 효과적이다.

바. 활동효과

1) 무의식적으로 의미 단위 파악 가능
어려운 문법 용어를 굳이 쓰지 않더라도 의미 단위로 끊어진 내용을 지속적으로 학습함으로써 무의식적으로 의미 단위로 영어 덩어리(청크)를 보는 눈을 키울 수 있다.

2) 모든 학생들이 즐겁게 참여
단어 일부만 알아도 단어 배열에 참여할 수 있어 영어 성취도가 낮은 학생부터 높은 학생까지 수준에 상관없이 모둠 조를 구성할 수 있고 다 같이 참여할 수 있다.

3) 반복학습 효과
본문 내용을 총 4단계를 통해 학습함으로써 반복학습에 효과가 높다.
- 1단계 : 모둠별로 의미 단위 배열하기
- 2단계 : 개인 유인물에 직접 옮겨 쓰기
- 3단계 : 의미 단위로 소리 내서 읽기 및 암기
- 4단계 : 관련 문제 풀기

4) 자기주도학습 능력 향상

교사의 일방적인 설명으로 본문 파악을 먼저 하는 것이 아닌, ①학생 중심 활동을 통해 수업에 참여한 뒤 ②스스로 관련 내용을 찾아서 공부해 보고 ③마지막에 교사 설명을 통해 최종적으로 내용 이해를 확인하는 과정으로 자연스럽게 자기주도학습 능력을 기를 수 있다.

5) 교사의 학생 관찰 및 평가 시간 확보

등 돌려 칠판에 판서하는 시간, 설명하며 때로는 놓치는 학생들과의 교감 기회를 최대한 확보 할 수 있다. 충분한 학생 관찰 시간도 확보 가능하여 학생들 개개인의 수업태도 및 1 대 1 질문시간도 가질 수 있어 학생과 교사 모두 여유 있는 수업이 가능하다.

사. T셀파 <의미 단위 본문활동> 자료 및 구성

천재교육(이재영) 중2, 중3

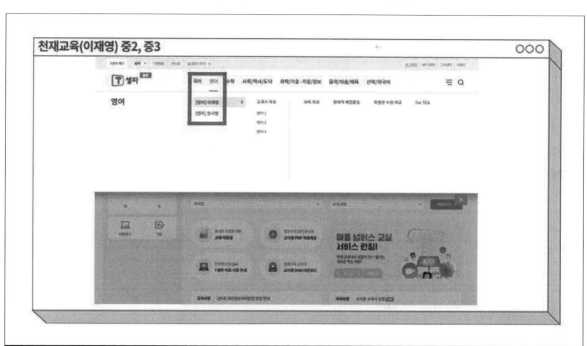

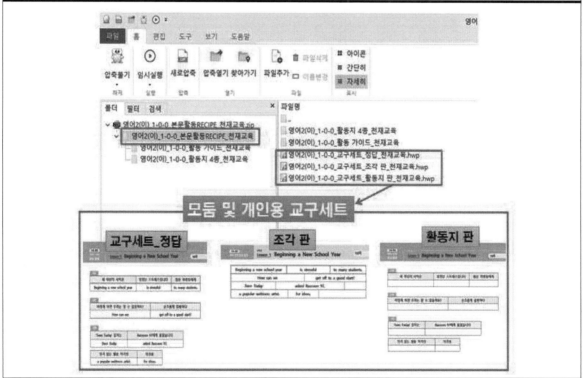

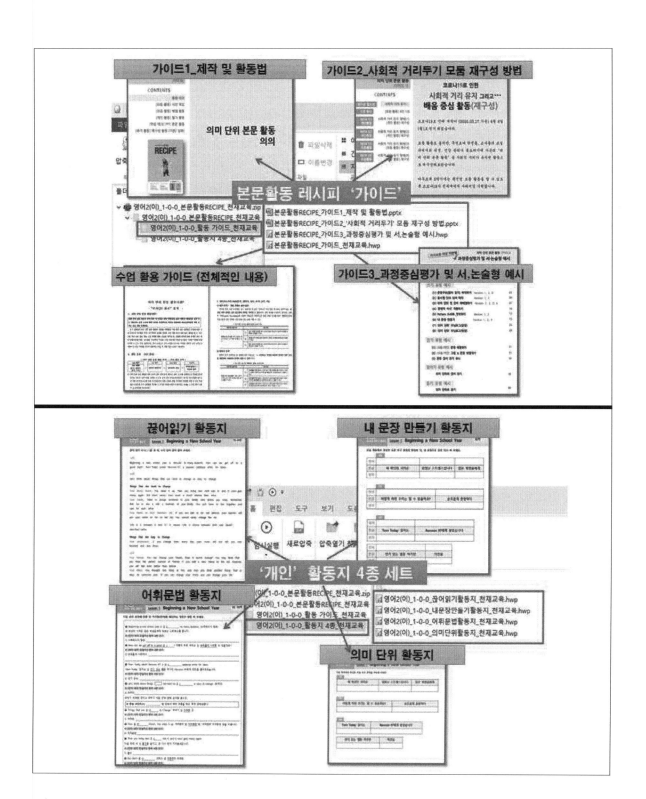

아. T셀파 자료 활용 <의미 단위 본문 활동> 제작 방법

1) 모둠 활동용

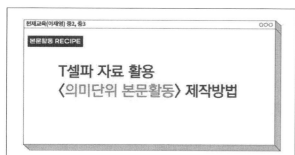

① [천재교육 T셀파중학]
http://m.tsherpa.co.kr/
의미 단위 본문 활동 파일을 다운로드 합니다.
② [보관 Tip]
다운받은 활동지판과 조각을 코팅한 뒤, 자른 조각을 모둠 수만큼 봉투 또는 지퍼백에 넣어서 보관하면 재사용과 보관이 용이합니다.

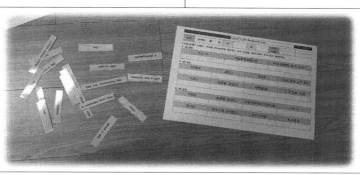

활동지판 정답	활동지판

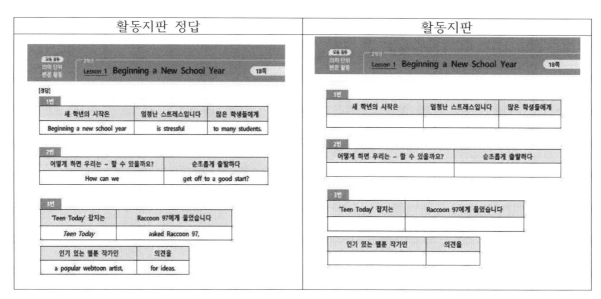

활동지 조각

Beginning a new school year	is stressful	to many students.
How can we		get off to a good start?
Teen Today	asked Raccoon 97,	
a popular webtoon artist,	for ideas.	

67

2) 개인 활동용

① 배열이 완료된 모둠에 동일 형태의 개인 활동지를 나눠줍니다.
② 배열된 판을 보며, 또는 교과서 본문을 보며 옮겨 쓰게 합니다. (앞면)
③ 모둠 구성원들과 의논하여 어휘·문법 활동지를 풀어봅니다. (뒷면)

개인활동 Tip)
① 앞면은 모둠활동의 반복학습 효과를 위해 의미 단위 활동지를 추천합니다.
② 뒷면은 제시된 활동지 형태를 이용하거나 재구성, 변형하여 제작할 수 있습니다.
(예시 : 문장 해석, 확인 문제, 직소 활동 등

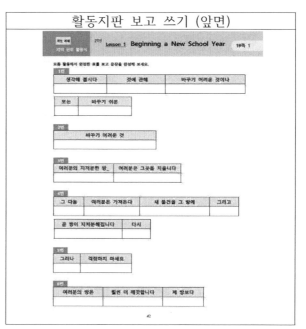

활동지판 보고 쓰기 (앞면)

본문 내용 파악하기 -어휘문법활동지- (뒷면)

개인 과제 어휘·문법 활동지	2학년 Lesson 3 **Germs: The War Inside**	60쪽 1

다음 글의 빈칸에 밑줄 친 우리말(영어)에 해당하는 알맞은 말을 써 보세요.

❶ ① W_____ out! / Hands off! / Hey! / This is my spot! / ① 조심해! / 손 떼! / 이봐! / 여긴 내 자리야!

※ [숙어 내꺼 만들자!] 영어 4번 쓰기

1) 조심하다 _____

❷ ② G_____ are everywhere, but [   ] is ③ I_____ [   ] them with your eyes.

② 세균들은 어디에나 있지만, 그것을 눈으로 보는 것은 ③ 불가능하다.

> **※ 문법 포인트(1): _____+동사 ~+to부정사: ~하는 것은 …하다**

※ [단어 내꺼 만들자!] 영어 4번 쓰기

2) 세균 _____

※ [단어 내꺼 만들자!] 영어 4번 쓰기

3) 불가능한 _____

❸ There are two ④ m_____ kinds of germs: bacteria and viruses.

두 가지 종류의 ④ 주요 세균이 있는데, 박테리아와 바이러스가 그것이다.

※ [단어 내꺼 만들자!] 영어 4번 쓰기

4) 주요 _____

이하 생략

자. 활동 방법 강의 및 자료 (QR코드)

1) 온앤오프 본문 학습지 사례 나눔 영상 (부제 : 의미 단위 본문활동)

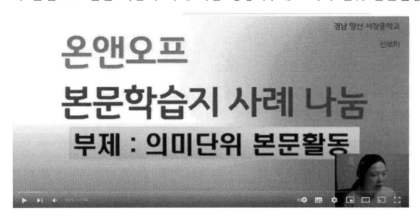

의미단위 영상(1)

2) 천재교육 T셀파(중2-3 이재영) 의미 단위 본문 활동 수업자료 활용 방법

천재교육 T셀파 자료

3) 의미 단위 본문 활동 자료 (학습지 양식, PPT)

의미단위학습지,PPT

4) 의미 단위 본문 활동 과정중심평가 및 서논술형 예시

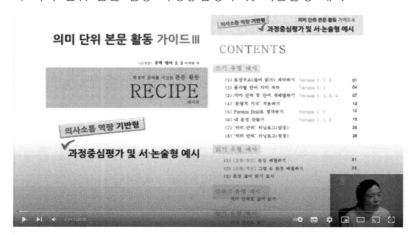

의미단위 평가 방법

09 의미 단위 본문 활동 (2) : 개인활동용

신보미 선생님 (양산, 서창중)

가. 수업의도

코로나 이후 모둠활동에 제약이 생겼고, 모둠활동 중심의 의미 단위 본문 활동을 어떻게 변형할지 고민을 많이 했다. 모둠활동을 못 하는 대신, 개개인의 활동이 모둠활동의 효과를 볼 수 있도록 학습지 양식을 몇 차례 변형해 보았다. 모둠활동을 불가피하게 못 할 시 효과적인 의미 단위 본문 활동 활동지를 몇 가지를 소개해 본다.

나. 수업방법

앞서 소개한 의미 단위 본문 활동을 개인 단위로 실시한다.
1) 개인당 본문 유인물을 1장씩 나눠준다.
2) 교사가 본문 수업을 하기에 앞서, 학생들은 교과서를 또는 유인물을 보면서 의미 단위로 끊어진 표에 해당 영어 덩어리(청크)를 작성한다.
3) 완료한 뒤, 학생들은 교사의 지시 아래, 의미 단위별로 소리 내어 읽어 본다.
4) 유인물 뒷장의 어휘 및 문법 설명을 교사가 한다.

다. 의미 단위 PPT 양식

1) 학습지 작성 완료 후, TV 화면에 띄워진 PPT를 보고, 의미 단위별로 끊어진 우리말을 보고, 해당하는 영어 덩어리를 소리 내어 읽어 본다.
Tip) 우리말만 보고 영어 덩어리를 말 할 수 있는 학생들은 학습지를 보지 않고 바로 말해보는 연습을 해본다.
2) 의미 단위 끊어 읽기가 완료되면 해당 단락의 어휘, 문법 포인트에 대한 설명을 이어서 한다.

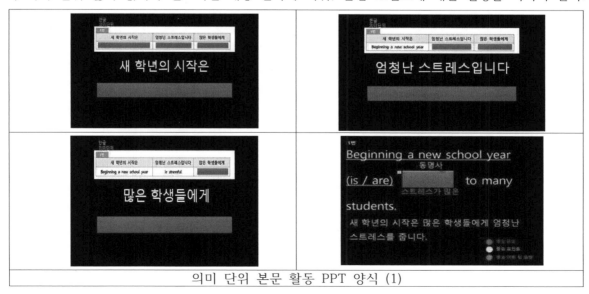

의미 단위 본문 활동 PPT 양식 (1)

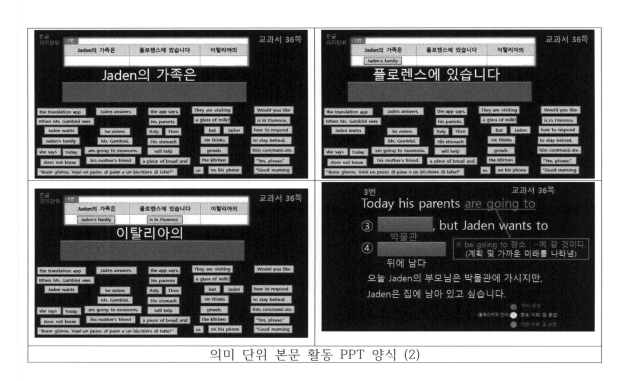

의미 단위 본문 활동 PPT 양식 (2)

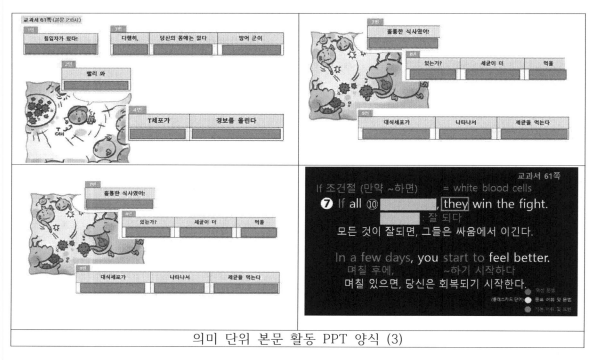

의미 단위 본문 활동 PPT 양식 (3)

라. 활동지 양식

1) 활동지 앞면 양식 ① (모아찍기)

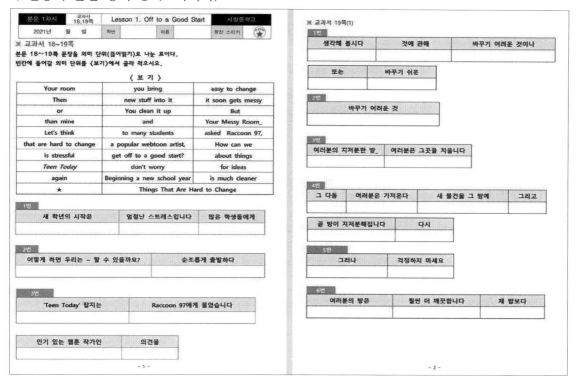

2) 활동지 앞면 양식 ② (모아찍기)

3) 활동지 앞면 양식 ③ (모아찍기)

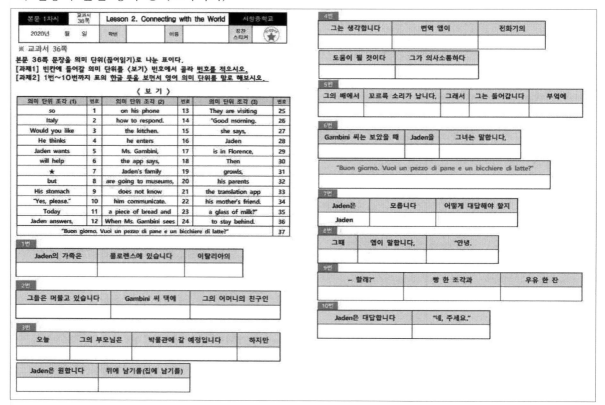

본문 1차시	교과서 36쪽	Lesson 2. Connecting with the World		서창중학교
2020년 월 일		학번	이름	칭찬 스티커 ⭐

※ 교과서 36쪽

본문 36쪽 문장을 의미 단위(끊어읽기)로 나눈 표이다.
[과제1] 빈칸에 들어갈 의미 단위를 〈보기〉 번호에서 골라 번호를 적으시오.
[과제2] 1번~10번까지 표의 한글 뜻을 보면서 영어 의미 단위를 말로 해보시오.

〈 보 기 〉

의미 단위 조각 (1)	번호	의미 단위 조각 (2)	번호	의미 단위 조각 (3)	번호
so	1	on his phone	13	They are visiting	25
Italy	2	how to respond.	14	"Good morning.	26
Would you like	3	the kitchen.	15	she says,	27
He thinks	4	he enters	16	Jaden	28
Jaden wants	5	Ms. Gambini,	17	is in Florence,	29
will help	6	the app says,	18	Then	30
★	7	Jaden's family	19	growls,	31
but	8	are going to museums,	20	his parents	32
His stomach	9	does not know	21	the translation app	33
"Yes, please."	10	him communicate.	22	his mother's friend.	34
Today	11	a piece of bread and	23	a glass of milk?"	35
Jaden answers,	12	When Ms. Gambini sees	24	to stay behind.	36
"Buon giorno. Vuoi un pezzo di pane e un bicchiere di latte?"					37

1번

Jaden의 가족은	플로렌스에 있습니다	이탈리아의

2번

그들은 머물고 있습니다	Gambini 씨 댁에	그의 어머니의 친구인

3번

오늘	그의 부모님은	박물관에 갈 예정입니다	하지만

Jaden은 원합니다	뒤에 남기를(집에 남기를)

4번

그는 생각합니다	번역 앱이	전화기의

도움이 될 것이다	그가 의사소통하다

5번

그의 배에서	꼬르륵 소리가 납니다.	그래서	그는 들어갑니다	부엌에

6번

Gambini 씨는 보았을 때	Jaden을	그녀는 말합니다,

"Buon giorno. Vuoi un pezzo di pane e un bicchiere di latte?"

7번

Jaden은	모릅니다	어떻게 대답해야 할지
Jaden		

8번

그때	앱이 말합니다,	"안녕.

9번

~ 할래?"	빵 한 조각과	우유 한 잔

10번

Jaden은 대답합니다	"네, 주세요."

의미단위학습지,PPT

4) 활동지 뒷면

※ 교과서 18~19쪽 **다음 글의 빈칸에 밑줄 친 우리말(영어)에 해당하는 알맞은 어휘와 문법을 써 보세요.**

---

❶ Beginning a new school year ① (is / are) ② s_____ to many students.
새 학년의 시작은 많은 학생들에게 ② 엄청난 스트레스를 줍니다.

※ [단어 내꺼 만들자!] 영어 4번 쓰기

1) 스트레스가 많은 _____

❷ How can we get off to a good ③ s_____? 어떻게 하면 우리는 ③ 순조롭게 시작할 수 있을까요?

※ [숙어 내꺼 만들자!] 영어 2번 쓰기

2) 순조롭게 시작하다 _____

❸ Teen Today asked Raccoon 97, a ④ p_____ webtoon artist, for ideas.
'Teen Today' 잡지는 ④ 인기 있는 웹툰 작가인 Raccoon 97에게 의견을 물어보았습니다.

※ [단어 내꺼 만들자!] 영어 4번 쓰기

3) 인기 있는 _____

❹ Let's think about things ⑤ (who / that) are hard to ⑥ c_____ or easy to change. (바꾸다)
바꾸기 어려운 것이나 바꾸기 쉬운 것에 관해 생각해 봅시다.

※ [단어 내꺼 만들자!] 영어 4번 쓰기 4) 바꾸다_____

> ※ **핵심문법 포인트 that** : 절 안에서 주어 역할을 하는 주격 관계대명사
> 1)형태 : 선행사 + 주격관계대명사(_____ , _____ , _____) + 동사
> 2)특징 : ①관계대명사가 이끄는 절은 명사(선행사)를 꾸미는 _____역할을 한다.
> ②관계대명사절 안의 동사는 선행사에 수 일치를 시킨다.
> ③선행사가 사람일 때 : _____ ④선행사가 사물(또는 동물) 일 때 : _____
> ⑤관계대명사 _____ : 선행사가 사람, 동물, 사람일 때 모두 쓸 수 있다.

❺ **Things That Are ⑦ H_____ to Change** 바꾸기 ⑦ 어려운 것

❻ Your ⑧ M_____ Room_ You clean it up.
여러분의 ⑧ 지저분한 방_ 여러분은 지저분한 방을 치웁니다.

※ [단어 내꺼 만들자!] 영어 4번 쓰기 5) 지저분한_____

❼ Then you bring new ⑨ s_____ into it, and it soon gets messy again.
다음 방에 새 ⑨ 물건을 들이고, 곧 다시 방이 지저분해집니다.

※ [단어 내꺼 만들자!] 영어 4번 쓰기 6) 물건 _____

❽ But don't ⑩ w_____. 그러나 ⑩ 걱정하지 마세요.

※ [단어 내꺼 만들자!] 영어 4번 쓰기

7) 걱정하다_____

❾ Your room is much ⑨ c_____ than mine(=_____)
여러분의 방은 제 방보다 훨씬 ⑨ 더 깨끗합니다.

> ※ **문법 포인트** : 형용사의 비교급(형용사 + er) +_____ : ~보다 더 …한

10 의미 단위 본문 활동 (3) : 혼합수업용

신보미 선생님 (양산, 서창중)

가. 수업의도

코로나로 원격수업을 갑자기 하게 되었을 때, 의미 단위 본문 활동 수업을 온라인 상에서도 대면 수업 때의 방식과 최대한 유사하게 진행하고 싶었다. 여러 가지 온라인 수업 도구 중 라이브워크시트(liveworksheets), 구글 잼보드(jamboard), 클래스카드(Classcard)를 활용하여 의미 단위 활동을 실시했고, 학생들이 대면 수업 때와 큰 차이점 없이 진행할 수 있었다.

나. 온라인수업도구 소개

1) 라이브워크시트(liveworksheets)란?

> 라이브워크시트(liveworksheets)는 쌍방향 온라인 학습지로 기존의 제작된 자료를 pdf, jpg 등의 형태로 업로드 한 뒤, 학생들에게 학습지 url 링크를 공유하면 별도의 출력 없이 문제를 풀고 본인의 점수 확인이 바로 가능하다. 학생들이 라이브워크시트(www.liveworsksheets.com)에 가입하면 교사의 경우 손쉽게 과제 제출 확인이 가능하다.

학생들 입장에서 라이브워크시트의 최대 장점은 기존 학습지와 100% 똑같은 형태로 출력 없이 바로 풀 수 있다는 점이다. 교사 입장에서는 다양한 효과(사운드, 비디오, 드래그 앤 드롭, 화살표 연결, 선택지 문제, 말하기 녹음) 설정이 가능하여 문제 유형을 다양화할 수 있다는 점도 최대 장점이다.

아래 블로그 썸씽쌤께서 라이브워크시트 명령어를 상세하게 정리해 놓으셔서 학습지 제작시 보시면 도움이 된다.

[출처: 블로그 썸씽쌤의 라이브워크시트 명령어 포스팅]
https://blog.naver.com/heatlove/222082826506]

2) 구글 잼보드란?

> 잼보드(Jamboard)는 구글(Google)에서 개발한 일종의 온라인 화이트보드로 특히 협업 활동에 효과적이다. 과제를 수행할 때 색채감 있는 스티커 메모지 사용이 가능하여 시각적 효과에 반응이 빠른 학생들의 호기심과 재미를 느끼게 하는데 매우 효과적이다. 잼보드 페이지를 프레임이라 부르는데 1개의 프레임에 반 전체가 과제를 작성하거나, 개인당 할당된 프레임에 과제를 수행하도록 하였다.

3) 클래스카드란?

> 클래스카드(www.classcard.net)는 무료 온라인 어휘 학습 도구로 중고등학교 교과서에 나오는 영어단어들을 학습할 수 있도록 세팅이 되어 있다. 암기(영단어를 보고 뜻 맞추기), 리콜(복습하기), 스펠(철자 익히기)의 3단계 학습 플랫폼 제공하고 있다. 암기 후 스스로 암기 여부를 테스트 할 수 있는 '스피드 퀴즈'와 재미있는 '매칭게임'등이 제공된다. 학생들 개개인의 클래스카드 단어학습상태를 선생님이 실시간으로 확인할 수 있음.

다. 수업준비

1) 라이브워크시트 시작하기

라이브워크시트를 활용한 온라인 활동지 제작 방법을 간단히 정리하였다. 보다 자세한 설명은 검색창에 '라이브워크시트'로 검색하면 도움이 되는 영상과 활용법 정리한 글들이 많이 올라와 있다.

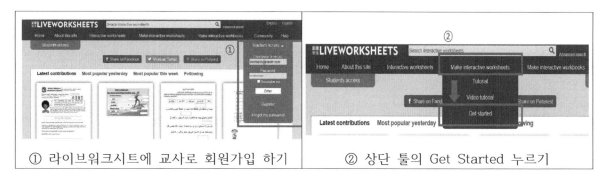

| ① 라이브워크시트에 교사로 회원가입 하기 | ② 상단 툴의 Get Started 누르기 |

학습지가 hwp 한글 파일인 경우 파일 형식을 docx, pdf, jpg, png로 변환해야 한다.

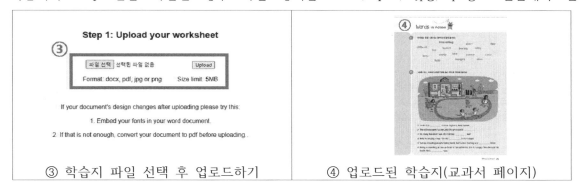

| ③ 학습지 파일 선택 후 업로드하기 | ④ 업로드된 학습지(교과서 페이지) |

라이브워크시트를 학생들의 출석 체크 및 과제 확인으로 지속적으로 활용하려면 학생들의 학번 이름을 일괄로 넣고 회원가입을 한 뒤, 반별로 점수 관리하는 기능을 활용하는 것도 좋은 방법이다.

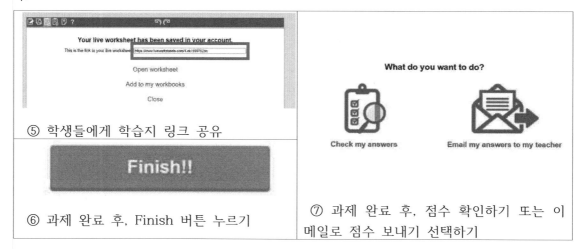

⑤ 학생들에게 학습지 링크 공유	
⑥ 과제 완료 후, Finish 버튼 누르기	⑦ 과제 완료 후, 점수 확인하기 또는 이메일로 점수 보내기 선택하기

2) 라이브워크시트 명령어 예시

① 선으로 연결하기

· 선으로 연결하기 명령어(join:숫자)를 쓰면 된다.
· 칸을 만든 후 연결되는 것끼리 같은 번호를 입력하면 된다.

② 빈칸에 정답 입력하기

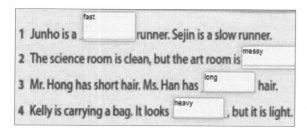

· 빈칸에 정답 입력하기 문제로, 가장 빈번하게 쓰이는 유형이다.
· 특정 명령어는 필요 없고, 칸을 만든 후 정답을 입력해 놓으면 된다.

③ 드래그해서 정답 넣기

· Drag and drop(드래그해서 정답 넣기) 문제로 명령어(drag:숫자)를 쓰면 된다.
· 칸을 만든 후 연결되는 것끼리 같은 번호를 입력하면 된다.

본문 39쪽 문장을 의미 단위(끊어읽기)로 나눈 표이다.
빈칸에 들어갈 의미 단위를 〈보기〉에서 골라 적으시오.
(★마우스로 끌어서 빈칸에 넣으면 됩니다★)

〈 보기 〉

Kids	in soccer uniforms	shout
"Ciao, Rosabella!"	from the windows.	Rosabella and her friends
As	Rosabella	steps onto the bus.
Jaden says.	"Good luck."	in her hand.
She	does not understand.	★
So Jaden	thinks and says.	"Buon, buon ..."
He points to	the soccer ball	that she is holding
Rosabella shouts.	"Fortuna! Buona fortuna!"	rolls away
Fortuna	sounds like	fortune
"Buona fortuna!"	he shouts.	The bus
shout back.	"Molte grazie!"	★

4번		
그래서 Jaden은	생각하고 말합니다	"Buon, buon ..."

5번			
그는 가리킵니다	축구공을	그녀가 들고 있는	그녀의 손에

6번	
Rosabella가 소리칩니다	"Fortuna! Buona fortuna!(행운! 행운을 빌어)"

7번		
'Fortuna'는	~처럼 소리 납니다	'행운'

8번	
"Buona fortuna!"	그는 소리칩니다

1번			
아이들이	축구 유니폼을 입은	외칩니다	버스 창 안에서

| "Ciao, Rosabella!(안녕, Rosabella!)" |
| |

9번		
Rosabella와 그녀의 친구들이	되받아 소리칩니다	"Molte grazie!(정말 고마워)"

2번			
~할 때	Rosabella가	버스에 올라타다	Jaden은 말합니다	"행운을 빌어."

10번	
버스가	굴러갑니다

[드래그해서 정답 넣기 - 의미단위 끊어 읽기 학습지 예시]

라. 수업방법 (1)

- 라이브워크시트를 활용한 '의미단위 끊어 읽기' -

1) 수업 개요도

수업형태	차시	활동 단계 및 내용
원격 수업	1차시	1단계- [복습퀴즈] 띵커벨로 복습 퀴즈 풀기
		2단계- [과제안내] 라이브워크시트 활용방법 안내 영상
		3단계- [선과제] 라이브워크시트로 본문 학습지 풀기
		4단계- [후풀이] 과제 풀이 영상
		5단계- [과제안내] 클래스카드 본문 활용방법 안내 영상
		6단계- [출석과제] 클래스카드 본문 학습 후 인증샷 업로드
등교 수업	2차시	7단계- 학습지 문제 풀이 및 발표
과정중심평가	지필고사	의미단위 표 작성 문항 출제

2) 활동 방법

① 1단계 : [복습퀴즈] '띵커벨'로 퀴즈 풀기

띵커벨은 카훗 프로그램과 유사한 프로그램으로 수업 시간에 교사가 실시간으로 문제를 출제하면 학생들이 동시에 답하고, 그 결과를 바로 확인해서 등수가 나오게 할 수 있다. 원격 수업에서는 개인별로 과제 제출 형태로 참여가 가능하여 본문 전 차시 수업 복습 퀴즈 및 형성평가로 띵커벨을 활용하였다. 학생들은 회원가입 없이 참여할 수 있어서 편리하다. 자세한 활용법은 띵커벨 사이트(www.tkbell.co.kr)에 동영상 및 문서로 자세히 설명되어 있다.

| [출처 : 띵커벨 문제 만들기 유형] | [띵커벨 퀴즈 결과 캡처본] |

띵커벨 문제는 퀴즈의 OX, 선택형, 단답형, 서술형을 많이 활용하였다. 학생들은 띵커벨로 퀴즈를 풀고 난 뒤, 캡처본을 각 반의 '패들렛(온라인 협업도구)'에 업로드하게 했다.

② 2단계 : 라이브워크시트 활용방법 안내 영상

라이브워크시트 활용 방법 안내 영상

학생들이 라이브워크시트 과제를 하기 전에 활용법을 긴 줄글의 설명보다는 짧은 영상으로 안내하였다. 이를 통해 공통된 질문이나 활동 시 오류를 줄일 수 있다.

③ 3단계 : [선과제] 라이브워크시트로 본문 학습지 풀기

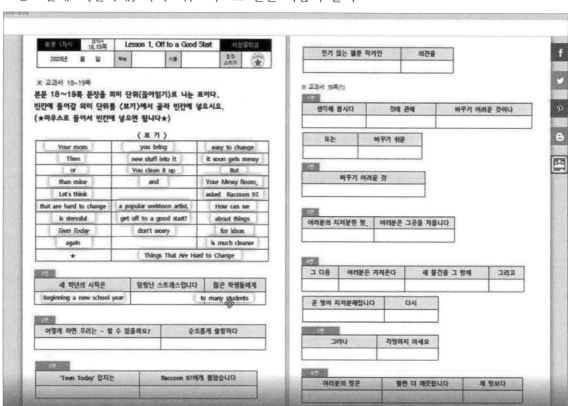

④ 4단계 : [후풀이] 과제 풀이 영상

의미 단위 본문 수업 풀이 영상

⑤ 5단계 : [과제안내] 클래스카드 본문 활용 방법 안내 영상

의미 단위 끊어읽기로 본문 내용을 나누고, 세트를 만든 뒤, 학생들에게 본문 학습 방법 안내 영상을 만들어서 안내하였다. 현재 클래스카드 기능 중에 의미 단위 끊어읽기로 본문을 제시한 기능이 새로 생긴 것으로 알고 있는데 저자는 아직 사용을 해보지는 못했다. 예산 여건이 허락되면, 기능을 쓸 수 있는 서비스 신청을 해도 수업 준비시간을 줄일 수 있어서 좋지 싶다.

클래스카드 본문학습

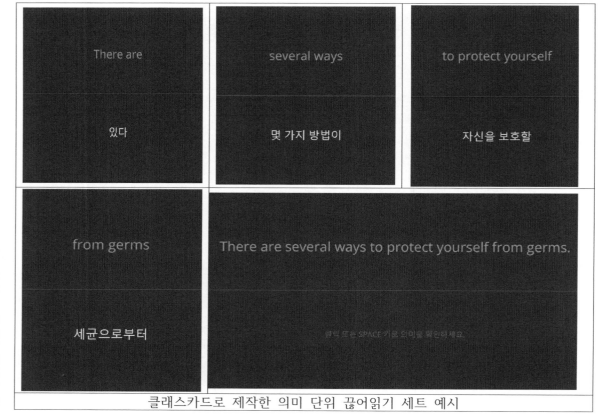

클래스카드로 제작한 의미 단위 끊어읽기 세트 예시

⑥ 6단계 : [출석과제] 클래스카드 본문 학습 후 인증샷 업로드

패들렛을 활용하여 클래스카드로 본문 학습 완료 후 최종 화면을 캡처하여 인증샷을 업로드하게 하였다.

마. 클래스카드 활용 활동지 양식

클래스카드 활용도를 높이고자 본문 활동지에 클래스카드 과제 방법에 대해 상세히 안내하는 활동지 양식을 사용하기도 하였다.

교과서 18쪽 활동지

본문 1차시	교과서 18,19쪽	Lesson 1. Off to a Good Start		서향중학교
2020년 월 일	학번	이름		칭찬 스티커 ⭐

※ 교과서 18쪽
원격수업 때 작성한 활동지(또는 교과서)를 참조하여 아래 표를 완성해 보시오.

1번

새 학년의 시작은	엄청난 스트레스입니다	많은 학생들에게

2번

어떻게 하면 우리는 ~ 할 수 있을까요?	순조롭게 출발하다

3번

'Teen Today' 잡지는	Raccoon 97에게 물었습니다

언기 있는 웹툰 작가인	의견을

개인 과제	본문 암기퀴즈 풀기
과제 방법 (클래스카드 활용법)	1) '클래스 카드(www.classcard.net)' 사이트 (휴대폰앱 또는 컴퓨터)에 개인별로 안내한 개인ID, 비번을 넣고 자기 반에 접속한다. 2) 중2_1과_본문 1차시 세트 클릭! 3) 뭘 해야하죠? 암기학습 / 리콜학습 / 스펠학습 / 테스트 4) 언제까지? 때 단원이 끝나기 전까지(구체적인 기간은 수업때 안내) 5) 반복횟수는? 최소 1회(최대는 무제한^^) 학습하기

교과서 19쪽(1)

1번

생각해 봅시다	것에 관해	바꾸기 어려운 것이나

또는	바꾸기 쉬운

2번

바꾸기 어려운 것

3번

여러분의 지저분한 방_	여러분은 그곳을 치웁니다

[본문듣기 MP3]

1과 본문 (18~20쪽)

1) 휴대폰으로 개인별로 학교에서 안내한 구글계정으로 구글에 로그인 한다.
(학교용 구글 계정은 개인별로 다 알려드렸죠? 로그인을 하지 않으면, 모든 자료는 접근이 불가합니다.)
2) QR코드를 휴대폰으로 찍고 수업 활동지 또는 교과서를 펼친다.
3) 본문파일을 들으면서 소리 내어 따라 여러번 읽는다. (원어민 속도에 가까워질때까지)

4번

그 다음	여러분은 가져온다	새 물건을 그 방에	그리고

곧 방이 지저분해집니다	다시

5번

그러나	걱정하지 마세요

6번

여러분의 방은	훨씬 더 깨끗합니다	제 방보다

바. 수업방법 (2)

- 잼보드를 활용한 '의미 단위 끊어 읽기' -

1) 잼보드에 의미 단위 활동지 한글 파일을 캡처하여 이미지 파일(jpg)로 잼보드에 붙여 넣는다.
2) 모둠별 또는 개인별로 정해진 프레임에 들어가서 의미 단위 표에 들어갈 적절할 영어 덩어리를 하단에서 찾아서 옮겨 붙이기 활동을 한다.
3) QR코드로 들어가면 잼보드로 만든 사본이 있다.
유의사항) 오른쪽 상단의 점 3개 클릭 후, <사본 만들기>를 해서 활용해 주세요.

잼보드 의미단위 사본

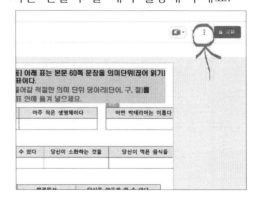

83

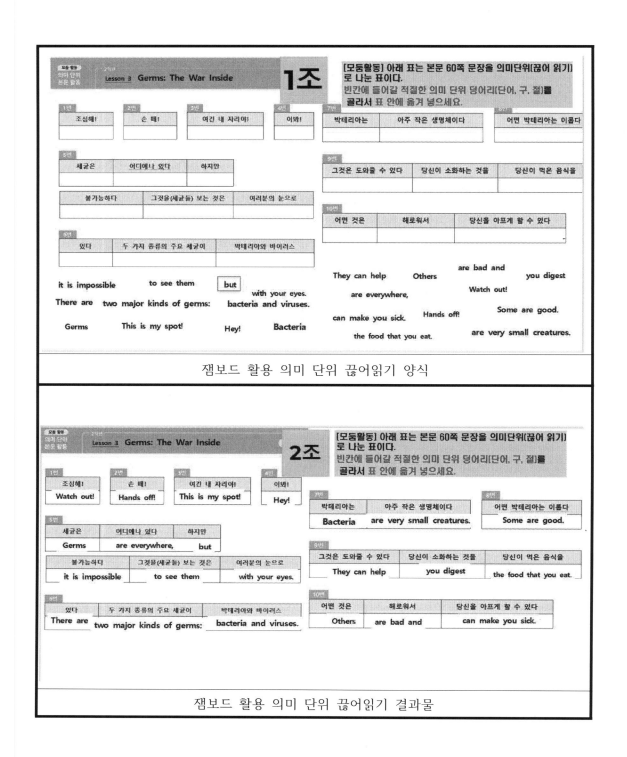

잼보드 활용 의미 단위 끊어읽기 양식

잼보드 활용 의미 단위 끊어읽기 결과물

사. 과정중심평가

지필고사-의미 단위표 작성 문항

의미 단위 본문 활동과 연계하여 1학기 지필고사 문항을 출제하였다. 출제 의도는 의미 단위 끊어 읽기를 통해 전체 문장 구조를 파악하고 목적격 관계대명사(who)와 주격 관계대명사 어순 학습을 확인을 위함이다.

서술형1

다음 우리말에 맞게 영어 단어 조각을 <보기>에서 골라 빈칸에 적으시오.

[각 점, 총 점]

(1) 문에서 노크 소리가 들리고 Gambini씨가 초대한 여자가 들어섭니다.

있습니다 (들립니다)	노크 소리가	문에서	그리고
			and

한 여자가	Gambini 씨가 초대한	들어옵니다

<보 기>

a thumbing sound	a knock

a woman	a boy

walk in	walks in	walking in

who invited Ms. Gambini

whom Ms. Gambini invited

There is	It is	on the door

(2) 그는 쿵쿵거리는 소리를 따라가다 벽에 대고 축구공을 차고 있는 한 소녀를 발견합니다.

그는 따라갑니다	쿵쿵거리는 소리를	그리고	발견합니다
		and	

한 소녀를	축구공을 차고 있는	벽을 향하여

<보 기>

finds	shouts

a thumping sound

a growling sound

against a wall	with a wall

he follows	he enjoys

he goes back

a girl	kids	two woman

who a girl is kicking a soccer ball

which is kicking a soccer ball

who is kicking a soccer ball

11 '진로영어' 롤모델 소개 글쓰기

안은지 선생님 (김해, 김해분성고)

가. 수업의도

대학입시 위주의 문제풀이식 수업에서 벗어나 교과명이 진로영어인 만큼 자신의 진로와 관련하여 학생들의 조금 더 실제적인 영어 사용을 위한 수업을 기획 중이었다. 때마침 교과서에 Finding a Role Model이라는 단원이 있어 먼저 미래의 유망 직업들에 관해 학습하고 자신이 꿈꾸는 직업과 관련하여 롤모델을 선정하여 이를 소개하고 자신의 목표를 글로 써 봄으로써 미래 자신이 꿈꾸는 직업인의 모습에 한층 더 가까이 다가갈 수 있도록 하였다.

나. 수업개요

1차시	교과서의 미래 유망 직업 소개 표 학습
2차시	지난 시간에 학습한 미래 유망 직업을 토대로 자신의 미래 직업과 관련한 롤모델 선정 후 패들렛에 간단히 이미지와 함께 직업과 이름 공유하기
3차시	롤모델 소개하기 글쓰기를 위해 필요한 정보 검색 후 롤모델 질문지에 답 쓰기
4차시	지난 시간에 작성한 질문지의 답을 토대로 1차 초안 작성하기
5차시	교사 피드백을 바탕으로 최종안 작성하기
6차시	최종본을 토대로 발표하기

다. 수업진행

1차시) Prospective Jobs for the Future를 소개한 표를 조별로 학습. 표를 해석할 때 마주하는 새로운 단어와 표현들을 조원들끼리 나누어 찾아보고 공유하여 각각의 직업군의 특징들에 대해 학습한다.

Additional Reading 3

Prospective Jobs for the Future

The following are presumed to be the categories of prospective jobs ten years hence. Many of the jobs are probably not familiar to you, but try to imagine what they might be.

Category	Job Titles
Jobs that provide work-life balance	corporate concierge, child care teacher, career consultant, babysitter, job transfer consultant
Green jobs to cope with global warming	eco-friendly ship design engineer, bioenergy expert, waste energy researcher, housing energy efficiency inspector
IT occupations in the "ubiquitous" era	SNS security expert, augmented reality (AR) engineer, biometric technician, smart grid designer, Internet addiction therapist
High-technology related occupations	brain function analyst, nanotechnologist, marine engineer, aerospace engineer, disability robot developer
Jobs related to globalization	international patent attorney, fair travel planner, international logistics specialist, licensed customs agent
Services for improving the general quality of life	private banker, personal education problem consultant, virtual travel planner, retrospective experience planner
Occupations that combine industry and technology	financial specialist, seawater desalination expert, biometrics medical device developer, medical equipment engineer
Occupations for multicultural society and an aging population	nostalgist, kinesiologist, foreign student attraction expert, pension specialist, generation conflict mediator

Match the definitions with correct job titles in the table above.

1. _____: a designer specializing in recreating memories for retired people
2. _____: an expert in the development of renewable energy derived from biological sources like plant materials
3. _____: an engineer who designs and develops products that use the technology of "augmented reality" so that users can see and experience the real world around them with computer-generated images and objects
4. _____: an employee who carries out other employees' personal tasks, such as picking up dry-cleaned clothes and making dinner reservations so that they can balance their work and life better
5. _____: an expert in the practical application of the technology of biometrics, which uses human biological characteristics such as fingerprint, face, and iris for identification
6. _____: a person with training in kinesiology—the study of the mechanics of body movements—who provides health consulting services or conducts research, often related to the health and safety of injured or elderly people

2차시) 각자의 미래 직업을 선정한 후 해당 직업군의 롤모델 후보 중 자신의 롤모델을 선정하여
패들렛에 간단히 소개한 후 공유한다.

3차시) 선정한 롤모델 소개글을 위한 outline 질문지에 대한 답을 찾아 영어로 써 본다.

학번: 3_____ 이름:

진로영어 with 안?	😀About my Role Model😀
Introduction	What will be your future job in 10 years? What's your role model's name and what's their job? :
Main Body	What are they famous for? : What did they do in their younger days? : What difficulties did they encounter? : How did they overcome the difficulties? :
Conclusion	What do you think was the key to their success? :

진로영어 with 안?	😀About my Role Model😀
Introduction	What will be your future job in 10 years? : A financier expert. What's your role model's name and what's their job? : John Lee , a financier
Main Body	What are they famous for? : Because he's the most famous in the financial world and he knows a lot about stock What did they do in their younger days? : financial studies What obstacles did they encounter? : He had a hard time because he failed in the business when he was young How did they overcome the obstacles? : After overcoming the pain, I went to the U. studied finance, gained knowledge and be an expert
Conclusion	What do you think was the key to their success? : Even after experiencing failure, he has no lingering feelings about it, he has gained more knowledge and experience without fear of failure and he has a great desire for succe

4차시) outline의 내용을 토대로 1차 초안을 작성한다.

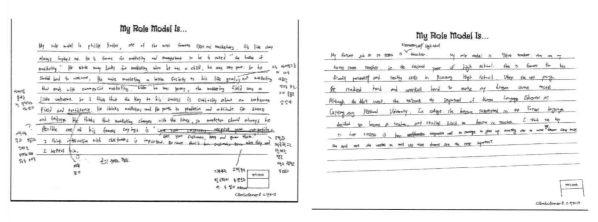

5차시) 교사와 친구들의 피드백을 바탕으로 최종안을 작성한다.

6차시) 자신이 완성한 최종안을 직접 읽어 발표한다.

12 Storyboard를 이용한 영미문학읽기수업

서주희 선생님 (김해, 김해삼문고)

가. 수업 의도

고교학점제를 앞두고 다양한 과목이 개설되는 과정에서 영미문학읽기 수업은 교사의 입장에서는 영미문학이라는 과목에서 주는 압도감과 교과서가 없다는 당혹스러움에 맡기가 부담스러운 과목일 수 있다. 하지만 다른 면에서는 교재의 선택에서부터 가르치는 내용까지 담당교사의 역량이 크게 작용한다는 점에서는 매력적인 과목일 수 있다. 또한 학생의 입장에서는 진로 선택 과목에 해당하여 영어과목에 대한 흥미 외에도 다양한 목적으로 과목을 수강하는 경우가 많다.

선택한 학생들의 흥미와 만족도를 올려주면서 학생들에게 그래도 영미 문학을 영어로 배웠다는 만족감, 나아가서는 앞으로 학생들이 원서에 대한 부담감을 줄여 혼자서도 쉽게 원서에 접근하게 하고 싶은 교사로서의 기대로 다음과 같은 수업을 실시해 보았다.

나. 활동 준비

- 수업준비물: 스마트폰(와이파이가 되는 교실을 활용)
- 책 wonder
- https://wonderthebook.com/
- Wonder 영화를 시청하고 Wonder 책의 수업과 관련된 챕터를 미리 읽어 둔다.
- 유광 빈 카드 또는 라벨지
- https://www.storyboardthat.com/

다. 활동 방법

1. 1차시: 활동1 <자신의 Precept 작성하기>

1) 유튜브의 영상 중에서 Precept에 대해 이야기하는 장면을 보여준다.
2) 학생들과 Precept의 정의를 본문에서처럼 이야기 해 본다.
3) Worksheet 속에서 Mr. Brown이 다루었던 Precept를 같이 읽어 보고 자신의 Precept를 찾는 활동을 진행한다.
4) 자신의 Precept를 영어로 적어 작은 유광 카드나 라벨지에 꾸미고 제작하여 발표하고 자신의 물건에 붙이거나 찍어 휴대폰 배경화면으로 설정하는 활동을 진행한다.

2. 2~3차시: 활동2 <Storyboard 제작하기>

1) Worksheet2의 A면을 이용하여 혼자서 전체 스토리에 대한 요약을 영어로 적어본다.
   - 단, 충분하게 이야기가 요약될 수 있도록, 일정 분량 이상은 쓸 수 있도록 유도한다.
   - Checklist를 제시하되, 형식에 얽매이지 않고 자유롭게 쓰게 격려한다.
2) 조별로 모여 충분한 요약이 될 수 있도록 문장을 서로 다듬어 본다.
3) Worksheet2의 B면을 이용하여 Storyboard를 만든다.
4) 활동이 끝난 뒤 스토리보드를 이용하여 영상을 제작하여 Book trailer로 확장해 본다.

라. 학생 활동사진

1. 활동1 <자신의 Precept 만들기>

2. 활동2 <Storyboard 만들기>

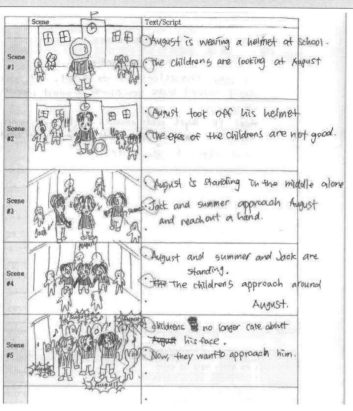

Scene		Text/Script
Scene #1		· August is wearing a helmet at School. · The childrens are looking at August.
Scene #2		· August took off his helmet · The eyes of the childrens are not good.
Scene #3		· August is standing in the middle alone · Jack and summer approach August and reach out a hand.
Scene #4		· August and summer and Jack are standing. · ~~The~~ The childrens approach around August.
Scene #5		· ~~Childrens~~ no longer care about ~~August~~ his face. · Now, they want to approach him.

2. Storyboard (위의 내용요약을 바탕으로 책 소개 영상의 스토리보드 제작하기)

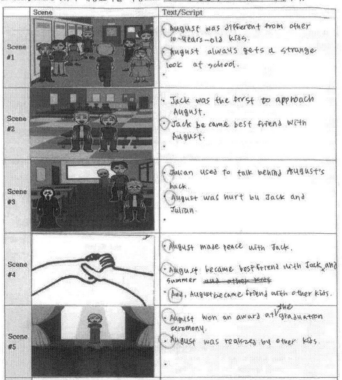

Scene		Text/Script
Scene #1		· August was different from other 10-years-old kids. · August always gets a strange look at school.
Scene #2		· Jack was the first to approach August. · Jack became best friend with August.
Scene #3		· Julian used to talk behind August's back. · August was hurt by Jack and Julian.
Scene #4		· August made peace with Jack. · August became best friend with Jack and summer ~~and other kids~~ · And, August became friend with other kids.
Scene #5		· August won an award at the graduation ceremony. · August was realized by other kids.

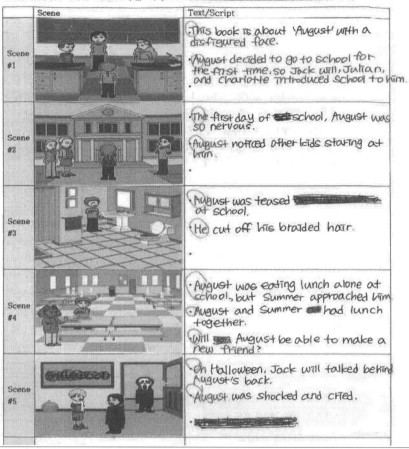

Scene		Text/Script
Scene #1		• This book is about 'August' with a disfigured face. • August decided to go to school for the first time, so Jack will, Julian, and Charlotte introduced school to him.
Scene #2		• The first day of school, August was so nervous. • August noticed other kids staring at him.
Scene #3		• August was teased ~~at school.~~ • He cut off his braided hair.
Scene #4		• August was eating lunch alone at school, but Summer approached him • August and Summer had lunch together. • Will August be able to make a new friend?
Scene #5		• On Halloween, Jack will talked behind August's back. • August was shocked and cried.

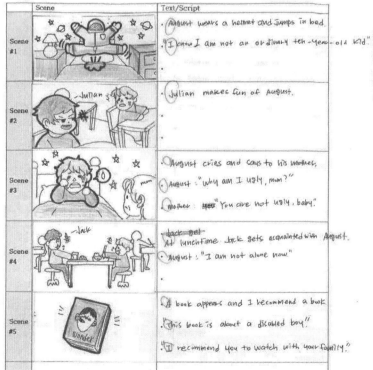

Scene		Text/Script
Scene #1		• August wears a helmet and jumps in bed. • "I know I am not an ordinary ten-year-old kid."
Scene #2		• Julian makes fun of August.
Scene #3		• August cries and says to his mother. • August : "Why am I ugly, mom?" • Mother : "You are not ugly, baby."
Scene #4		• At lunchtime Jack gets acquainted with August. • August : "I am not alone now"
Scene #5		• A book appears and I recommend a book. • This book is about a disabled boy!! • I recommend you to watch with your family!!

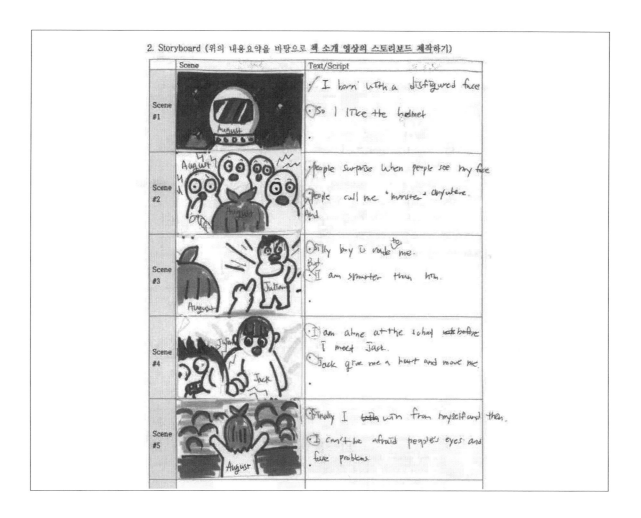

2. Storyboard (위의 내용요약을 바탕으로 **책 소개 영상의 스토리보드 제작하기**)

	Scene	Text/Script
Scene #1		I born with a disfigured face So I like the helmet
Scene #2		People surprise when people see my face People call me "monster" anywhere. And
Scene #3		Silly boy is rude to me. But. I am smarter than him.
Scene #4		I am alone at the school before I meet Jack. Jack give me a heart and move me
Scene #5		Finally I talk with from myself and then. I can't be afraid people's eyes and face problems.

바. 활동 꿀팁

TIP1) Storyboard의 그림그리기를 힘들어 하는 학생들을 위해 다음과 같은 사이트를 이용하면 손쉽게 그림을 대신해 그리게 할 수 있다.
https://www.storyboardthat.com/

TIP2) Wonder 책의 공식 사이트를 이용하면 수업 자료를 얻을 수 있다.
https://wonderthebook.com/

TIP3) 책을 읽기 싫어하는 학생들도 있을 수 있으나 활동을 하기 위해서는 책을 읽는 것이 필요하므로 영상을 먼저 보여주고 책을 읽는 방식으로 유도 가능함.

MR. BROWNE'S PRECEPTS

In *Wonder*, Auggie's teacher Mr. Browne presents a monthly precept, which is "anything that helps guide us when making decisions about really important things." Choose one of the precepts below and write an essay about what it means to you. Then write your own personal precept in the blank square below.

When given the choice between being right or being kind, choose kind. —Dr. Wayne W. Dyer	*Your deeds are your monuments.* —inscription on an Egyptian tomb
Have no friends not equal to yourself. —Confucius	*Audentes fortuna invat. (Fortune favors the bold.)* —Virgil
No man is an island, entire of itself. —John Donne	*It is better to know some of the questions than all of the answers.* —James Thurber
Kind words do not cost much. Yet they accomplish much. —Blaise Pascal	*What is beautiful is good, and who is good will soon be beautiful.* —Sappho

1. Choose one of the precepts above or write your own personal precept.

2. Write an essay about what it means to you.

Worksheet2

3학년   반_____ 번호_____ 이름 _____

A. Wonder 책 전체 또는 우리가 읽은 부분까지에 대한 내용을 요약해 봅시다.

Summary	
	_____
	_____
	_____
	_____
	_____
	_____
	_____
	_____
	_____
	_____
	_____
	_____
	_____
	_____
	_____
	_____
	_____
	_____

	생각해야 할 항목	√
Checklist	* 책을 요약하는 내용의 글을 썼는가?	
	* 의미가 전달되는 문장으로 구성하였는가?	
	* 문장의 개수 5개 이상인가?	
	* 한 문장당 단어 5개 이상인가?	
	* 한 문장당 하나의 주어와 하나의 동사가 존재하는가?	

B. Storyboard (위의 내용요약을 바탕으로 <u>책 소개 영상의 스토리보드 제작하기</u>)

	Scene	Text/Script
Scene #1		• • •
Scene #2		• • •
Scene #3		• • •
Scene #4		• • •
Scene #5		• • •
Scene #6		• • •

	생각해야 할 항목	√
Checklist	* 책을 소개하는 영상을 제작하기 위한 내용의 스토리보드인가?	
	* 의미가 전달되는 문장으로 구성하였는가?	
	* 장면을 5개 이상으로 구성하였는가?	
	* 한 장면 당 적어도 하나의 문장이 존재하는가?	
	* 문장의 개수 10개 이상인가?	
	* 한 문장당 단어 5개 이상인가?	
	* 한 문장당 하나의 주어와 하나의 동사가 존재하는가?	

98

13. [국제교류수업] 한글의 아름다움

조윤서 선생님 (진주, 경상사대부중)

가. 수업 의도

    <2022학년도 다문화가정 대상 국가와의 국제교류사업>에 참여하게 되면서 인도네시아 학생들에게 한국의 역사와 아름다움을 알리고자 '한글의 아름다움'이라는 주제로 1차시 수업을 계획하게 되었ek. '한글은 읽기 쉬워 배우기 쉽다.'라는 인상을 주어 인도네시아 학생들이 언젠가 한글을 배울 기회가 생겼을 때 도전할 수 있게 하길 바라는 마음으로 수업을 준비했다. 한글과 관련된 역사적 사실을 배우고 학생들은 간단한 한글 단어를 읽어 보는 활동을 했다. 그 후 부채에 대해서 알아본 뒤 미리 보내준 한국 부채 위에 '한글 꽃 피우다'라는 한글 캘리그라피와 동양의 매화를 닮은 꽃을 그리는 활동을 했다.

나. 활동 방법

[사전 준비]

1. 활동 준비물 소포 인도네시아 국제 우편 발송
2. 부채 관련 자료 조사 (KOREAN HERITAGE, Buchae: Traditional Fans Stir the Air with Dignity ByGeum Bok-hyun 참고)
3. 한글 관련 자료 조사(Youtube, Google 자료 활용)
4. 파트너 교사와 활동 내용 협의(카카오톡을 통하여 프리젠테이션 자료를 공유하고 내용을 확인하는 과정을 거침)

[수업 활동] * Google meet 화상 회의 사용

학습 단계	학습 활동	수업자료
도입	-라포 형성(교사소개, 서로의 언어로 인사 주고 받기) -주제 소개	ppt
전개	1. 한글은 어떻게 만들어졌을까요? - 세종대왕이 한글을 만들게 된 배경 - '훈민정음'의 의미 / 한글 모음의 구성(천지인) - 한글 차트보며 짧은 단어 읽기 도전! 2. 부채(Korean Traditional Fan) - 다양한 부채의 종류, 상징과 의미 3. (활동) Drawing on Buchae - '한글 꽃 피우다' 캘리그라피 연습 - 부채 위에 캘리그라피와 그림 그리기	ppt Youtube
정리	- 완성작과 느낀 점 조별로 사진 및 영상 촬영하여 공유하기	카카오톡

다. PPT 자료 흐름도

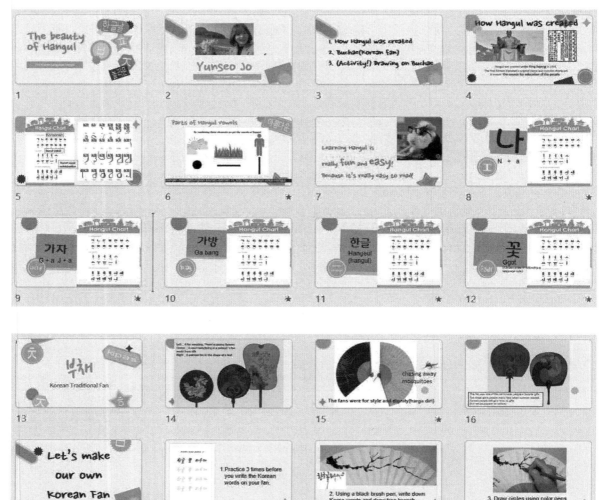

라. 활동 꿀팁

처음엔 의욕이 앞서 많은 양의 자료와 설명을 준비했지만 생각보다 인도네시아와 온라인 교류는 연결이 원활하지 않았고 전달력이 떨어져 다양한 시각자료와 최소한의 설명으로 방향이 바뀌었다. 송출되는 화면뿐만 아니라 아이들 개별 활동 모습이나 인터뷰 모습 등은 꼭 다른 카메라에 담아 두었다가 전달하는 것이 필요했다.

마. 활동 모습

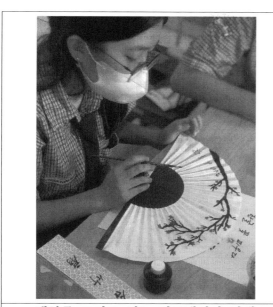

매화를 그리고 있는 인도네시아 학생

완성된 부채를 보여주고있는 인도네시아 학생

파란 유니폼을 입고 학생들과의 소통과 수업
진행을 도와주신 인도네시아 선생님

부채에 옮기기 전 '한글 꽃 피우다'라는 문구를
적는 연습을 반복하고 있는 인도네시아 학생

바. 학습지 QR

한글 쓰기 연습 학습지

수업 중 사용한 프리젠테이션

14. Chatterpix 앱을 활용한 말하기 수업

김민정 선생님 (거제, 중앙중)

가. 수업의도

영어의 듣기, 말하기, 쓰기, 읽기의 네 기능이 골고루 수업 되어야 하는데 여전히 듣기와 읽기 그리고 문법을 가르치다가 1년을 보내는 경우가 많다. 학생들에게 말하기의 부담을 줄이기 위해 휴대폰에 있는 앱을 활용해 자신만의 캐릭터를 디자인하여 영어의 흥미를 더하고 부담 없이 짧은 영어 말하기를 할 수 있도록 기회를 제공하고자 한다.

나. 수업 준비물

학습지, 휴대폰

다. 활동준비

1) 총 2차시로 진행

가) 1차시: Listen & Talk 부분의 듣기 부분을 듣고 간단히 주요 표현 및 문장을 익힌다.

나) 2차시: 듣기가 완료되면 익힌 표현을 바탕으로 자신이 말할 내용을 세 문장으로 표현하도록 준비한 뒤 앱을 활용하여 자신의 문장을 말한 뒤 선생님께 전송한다.

2) 해당 단원의 주요 Listen & Talk 부분을 다음과 같이 학습지로 제작한다.

가) 1차시 학습지: 주요 표현 학습 및 빈칸을 채우는 딕테이션으로 구성한다.

A. Listen to the dialogs and fill in the blanks. → 교과서 94쪽 A번 Scripts

1. B: What do you want to be in the _____?
   G: I like _____, so I want to be a movie _____.

2. B: _____ do you want to be in the future?
   G: I want to be a _____ player.
   B: That sounds good.

3. B: What are you _____ in?
   G: I'm interested in _____.
   B: Do you want to be a _____ in the future?
   G: Yes, I do.

4. B: What do you _____ to be in the future?
   G: I want to be a _____ _____.
      I'm interested in _____ people.
   B: That's cool.

C. Listen to the dialog and fill in the blanks. → 교과서 95쪽 C번 Script

B: Hi, Jenny. _____ section are you going to?

G: Hi, Minho. I'm going to the _____ designer's section.

B: Do you want to be a fashion designer?

G: Yes, I like making _____. How about you? What do you want to be in the _____?

B: I want to be a sports _____. I'm interested in _____.

G: You have a great _____. You'll be a good _____.

B: Thanks.

나) 2차시: 교과서에 말하기 미션 부분을 자신의 문장으로 한 번 써보게 하고 필요한 경우 번역기를 활용하도록 한다. 말할 내용이 정해진 학생들은 앱을 활용하여 과제를 완성한 후 선생님께 전송한다.

** 앱 사용방법

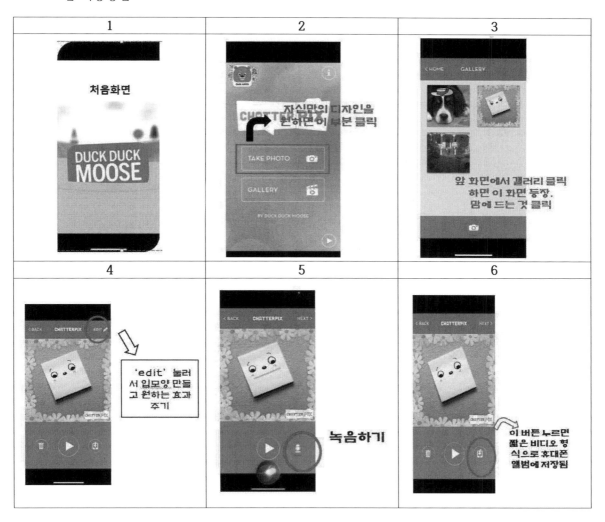

라. 활동방법

1) 1차시는 교과서의 듣기 활동 절차에 따른 후, 학습지를 활용하여 딕테이션을 실시한다.

2) 2차시에는 핵심 표현을 활용하여 자신이 말하고자 하는 내용을 세 문장으로 먼저 생각해 보게 한다.

3) 모든 학생이 세 문장을 완성하면 학생들에게 스마트폰을 주고 앱을 다운받게 한다.

4) 앱을 다운 받은 뒤 간단하게 사용 방법을 설명한 뒤 준비된 자신의 문장을 말하여 녹음한 뒤 교사에게 전송한다.

TIP1) 앱 사용 방법이 간단하여 학생들이 어려움 없이 따라할 수 있고 개성이 맘껏 표현된 화면에 자신의 목소리를 녹음할 수 있어 학생들이 흥미를 느낀다.

TIP2) 간혹, chatterpix 앱을 다운로드 받을 수 없는 경우가 있었는데, 그 경우 음성만 녹음하여 보내도록 허용하여 활동에서 누락되는 학생이 없었다.

라. 활동사례

나에게 전학공 연구회란?

비빌 언덕이다.

물리적인 학교보다 더 강한 소속감과 유대감을 느낄 수 있는 정신적 의지를 할 수 있는 곳이다. 교직생활에서 매년 헤어짐과 만남을 되풀이하며 동료교사들과의 만남이 짧을 수 있는데, 오랜 인연으로 이어가고 싶다. 모두가 다 같이 잘 되길 응원하는 순수한 마음과 수업 연구의 열정의 끈을 놓치 않게 해주는 소중한 비빌 언덕이다.

신보미 선생님
(양산, 서창중학교)

나에게 전학공 연구회란?

한 줄기 빛이다.

어둠 속에서 혼자 헤매이다 만난 전학공 연구회은 나와 같은 고민을 가진 수많은 동료들을 만난 곳이다. 교직 생활을 이어나갈 때 동료들과 같은 등대가 있다면 외롭지 않을 거고 불빛을 따라가다보면 길을 잃지 않을 거라고 생각한다.

김설은 선생님
(거제, 계룡중학교)

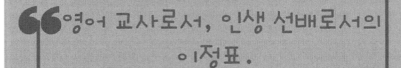
나에게 전학공 연구회란?

"영어 교사로서, 인생 선배로서의
이정표.

내가 나아가야 할 방향을 실제로 실천하고 있
는 사람들을 이렇게 만나고 소통한다는 것이
신기하다. 정말 대단하신 분들이 ... 온라인에서
나에게 눈길을 보내주시고 칭찬도 해주신다. ㅋ
짜릿하다.

"

박선미 선생님
(합천, 합천중학교)

나에게 전학공 연구회란?

"

한번도 오프라인에서 만난 적 없는 분들이지만
이렇게 친근하게 느껴진다는 것이 신기할 따름
이다. 나태해지려는 나를 채찍질해주는 자극제
이기도 하고 수업에 지쳐가는 나를 위로해 주는
비타민이기도 하다.

"

임선미 선생님
(창원, 창원신월고등학교)

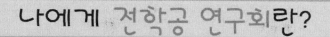

나에게 전학공 연구회란?

멋진 선생님들이 자기 계발을 게을리 하지
않도록 끊임없이 자극을 주시는 곳이며,
동시에 마음이 편안해지는 격려와 지지도
받을 수 있는 소중한 공동체이다.

조윤서 선생님
(진주, 경상국립대학교 사범대학 부설중학교)

나에게 전학공 연구회란?

부담없이 편하게 생각을 나누고 책에 대한
이야기를 할 수 있는 곳.
결과물보다는 과정의 즐거움이 있는곳

신승애 선생님
(고성, 고성중앙고등학교)

나에게 전학공 연구회란?

진정한 '참'교사이신 많은 분들과 교사로서의
수업 경험과 고민들을 함께 나눌 수 있는
동시에 자신의 성장과 계발도 이룰 수 있지만
불필요한 부담은 전혀 없는, 단점이라고는
도무지 찾을 수 없는 그런 곳이다.

안은지 선생님
(김해, 김해분성고등학교)

나에게 전학공 연구회란?

보물상자이다.

각자의 위치에서 열심히 빛나고 있는 보석같은
선생님들을 한 자리에서 볼 수 있는 곳이다. 언
제든 꺼내 볼 수 있도록 잘 정리되어 있지만 바
쁜 일상속에서 틈이 날때마다 꺼내보는 곳이다.
정기적인 모임날에 선생님들의 열정을 다시 느
끼며 나를 되돌아 보고 앞으로 전진 해야겠다는
마음을 먹도록 해주는 소중한 곳이다.

윤지현 선생님
(김해, 김해영운고등학교)

나에게 전학공 연구회란?

> **충전기이다.**
>
> 영어교사로서의 가장 근본적인 영어 수업에 대한 생각과 아이디어가 고갈되고 열정이 식어질 때 연구회를 통해 다시 재충전한다. 훌륭하시고 열정 많으신 선생님들이 자발적으로 모여서 이렇게 끈끈하게 이어질 수 있음에 놀랍고 함께 하고 있으며 많이 배우기에 참 감사한 모임이다.

손수경 선생님
(김해, 김해삼계중학교)

나에게 전학공 연구회란?

>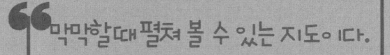
> **막막할때 펼쳐 볼 수 있는 지도이다.**
>
> 수업 아이디어가 고갈될 때, 방향성을 잃어버릴 때, 헷갈릴 때, 펼쳐보고 물어본다. 가끔 그 지도에도 안 나타 날 때는 내가 지나온 길을 경험삼아 표시하여 점점 정교해지고 나도 기억할 수 있게 되어 우리 모두에게 도움이 되는 지도이다.

서주희 선생님
(김해, 김해삼문고등학교)

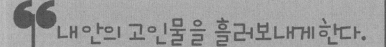

나에게 전학공 연구회란?

> **"내 안의 고인물을 흘러보내게 한다.**
>
> 다른 영어선생님들의 수업도 배우고 두꺼운 영어원서도 읽게 만들고 영어수업에 적용할 수 있는 다양한 정보도 받을 수 있는 샘물과도 같은 존재다. 내가 잘한 일 중의 하나가 연구회에 소속된 것이다. **"**

김덕미 선생님
(진해, 동진중학교)

나에게 전학공 연구회란?

> **" 튼튼한 동아줄이다.**
>
> 열정이 가득한 선후배님들과 함께 하면서 매너리즘에서 빠져나올 수 있는 힘과 새로운 시도를 지속할 수 있는 용기를 얻고 있습니다. 감사합니다! **"**

양은주 선생님
(김해, 능동중학교)